Uvius Fonticola
Luciana Ziglio

Latein
Auf Zack!

Hueber Verlag

SODALIBUS
CIRCULI LATINI MONACENSIS
&
SOPHIÆ
DILECTISSIMÆ FILIÆ
D. D. D.

Inhalt identisch mit ISBN 978–3–19–407931–1.

Das Werk und seine Teile sind urheberrechtlich geschützt.
Jede Verwertung in anderen als den gesetzlich zugelassenen
Fällen bedarf deshalb der vorherigen schriftlichen
Einwilligung des Verlags.

Hinweis zu § 52a UrhG: Weder das Werk noch seine Teile dürfen ohne
eine solche Einwilligung überspielt, gespeichert und in ein Netzwerk
eingespielt werden. Dies gilt auch für Intranets von Firmen, Schulen
und sonstigen Bildungseinrichtungen.

Eingetragene Warenzeichen oder Marken sind Eigentum des jeweiligen Zeichen-
bzw. Markeninhabers, auch dann, wenn diese nicht gekennzeichnet sind. Es ist
jedoch zu beachten, dass weder das Vorhandensein noch das Fehlen derartiger
Kennzeichnungen die Rechtslage hinsichtlich dieser gewerblichen Schutzrechte
berührt.

| 3. 2. 1. | Die letzten Ziffern |
| 2017 16 15 14 13 | bezeichnen Zahl und Jahr des Druckes. |

Alle Drucke dieser Auflage können, da unverändert,
nebeneinander benutzt werden.
1. Auflage
© 2013 ProSieben www.prosieben.de
Lizenz durch ProSiebenSat.1 Licensing GmbH,
www.prosiebensat1licensing.com
© 2013 Hueber Verlag GmbH & Co. KG, 85737 Ismaning, Deutschland
Umschlaggestaltung: creative partners gmbh, München
Coverfoto: © iStockphoto/Squaredpixels
Zeichnungen: © Adrian Sonnberger, www.die-illustration.de
Redaktion: Stephanie Pfeiffer, Hueber Verlag, Ismaning
Layout: Erwin Schmid, Hueber Verlag, Ismaning
Satz: Sieveking, München
Druck und Bindung: Firmengruppe APPL, aprinta druck, Wemding
Printed in Germany
ISBN 978–3–19–547000–1

INHALTSVERZEICHNIS

Vorwort **4**

Einführung **7**

Memo-Tipps **14**

Übungen **23**

Lesestrategien **115**

Lösungen **133**

Glossar (Latein – Deutsch) **144**

Ingenium exercētur multíplicī variāque māteriā.
(Quīntiliānus *īnstitūtiō ōrātōria* 2,4,20)

Der Verstand wird durch vielfältigen und verschiedenartigen Stoff geübt.

Latein Auf Zack! verbindet auf unterhaltsame Weise das Erlernen der Fremdsprache – v. a. der Vokabeln – mit bewährten Techniken des Gedächtnistrainings. Die angebotenen spielerischen Übungen helfen dabei, die Sprachkenntnisse zu verbessern, den Wortschatz langfristig im Gedächtnis einzuprägen sowie Lesestrategien zu verbessern und logisches Denken zu testen.

Die dabei angewendeten Merktechniken lassen sich natürlich unabhängig von den hier angebotenen Übungen und Inhalten auch auf andere Kontexte des Fremdsprachenlernens sowie auch des Alltagsgedächtnisses übertragen.

Latein Auf Zack! wendet sich sowohl an Selbstlerner, als auch an Kursteilnehmer, Lehrer und Schüler, die auf amüsante Weise die Gelegenheit erhalten, Grammatik und Vokabeln zu wiederholen und auch auf Gebiete des Alltagslebens auszudehnen.

Die Übungen sind häufig in einen antiken Hintergrund eingebettet und Redewendungen gelegentlich durch Angabe der Fundstelle in den Fußnoten belegt. Die Antikisierung wurde jedoch nicht zwanghaft durchgeführt, denn Latein hat ja die Antike bis heute überlebt; entsprechend finden sich manchmal auch neulateinische Ausdrücke für modernes Gerät, was einen zusätzlichen Reiz bieten soll.

Zum Aufbau von **Latein Auf Zack!**
Bevor die Übungen beginnen, wird kurz auf die Funktionsweise unseres Gehirns und Gedächtnisses eingegangen (S. 7–13). Daran schließt eine Reihe von Erklärungen der für die Übungen nützlichen Merktechniken (Memo-Tipps) an (S. 14–22).
Auf die jeweils anwendbaren Memo-Tipps wird auch neben jeder Übung durch das Symbol ▶ **Memo-Tipp** nochmals verwiesen (z. B. ▶ **Memo-Tipp 3A**).

Die Übungen (ab S. 23) nehmen größtenteils jeweils zwei Seiten ein: Die erste (= rechte) Seite dient dabei dem Einprägen und Üben der lateinischen Vokabeln, Strukturen oder Texte und ist gekennzeichnet durch die Kopfzeile **MERKEN**.

Die zweite (= linke) Seite – gekennzeichnet durch die Kopfzeile **ANWENDEN** – fordert nach dem Umblättern anhand gezielter Fragen bzw. Aufgaben dazu auf, zu testen, ob man sich alles gemerkt hat. Die Nummerierung der Übungen stimmt auf beiden, zu einer Übung gehörenden Seiten jeweils überein.

Unterbrochen werden die auf zwei Seiten angelegten Übungen hin und wieder durch sogenannte **VERSCHNAUFPAUSEN**, d. h. Übungen, die das „Jogging" unterbrechen und die Aufmerksamkeit auf andere Bereiche der Konzentration, Logik und Aufmerksamkeit lenken.

Die Übersetzung der in den Übungen verwendeten Vokabeln befindet sich im alphabetischen Wörterverzeichnis im Anhang (ab S. 144). Evtl. unbekannte Wörter können dort jederzeit nachgeschlagen werden. Die Lösungen zu den Aufgaben erfolgen entweder durch den Zusammenhang der beiden oben beschriebenen Teilschritte der Übungen oder befinden sich im Anhang (ab S. 133).

Generell handelt es sich in diesem Buch um kurze Übungen, die keinen großen täglichen Aufwand erfordern. Man könnte sie mit einer Reihe von Schritten vergleichen, die zusammen – wie bei einem echten Trainingsprozess – eine Wegstrecke ergeben. Dabei sollte man folgende Grundregel nicht aus den Augen verlieren: Lieber öfter ein kurzes Training absolvieren, als nur einmal ein langes!

Latein Auf Zack! folgt der Philosophie des „Edutainments", also dem unterhaltsamen Lernen. Denn die größte Hürde für das Lernen, das Gedächtnis und die Konzentration ist die Langeweile. Darum haben wir uns bemüht, die Übungen abwechslungsreich zu gestalten, um nicht zuletzt die Vorlieben aller Lernertypen zu berücksichtigen und gleichzeitig auch jeden Lerner mit neuen und vielleicht ungewohnten Lerntechniken zu konfrontieren.

Mehr Latein und gleichzeitig mehr Gedächtnisleistung – das sind die Ziele, die mit Hilfe von **Latein Auf Zack!** auf eine ebenso spielerische wie ernstzunehmende Weise verfolgt werden. Eine doppelte Herausforderung also. Packen wir's an!

Viel Erfolg und Vergnügen wünschen

Autoren und Verlag

Anmerkungen zu Aussprache und typografischer Darstellung:
Bei den lateinischen Vokabeln sind alle langen Vokale mit einem Querstrich über dem Vokal bezeichnet, alle nicht bezeichneten Vokale sind daher kurz zu sprechen. Damit lässt sich auch die betonte Silbe in lateinischen Wörtern finden: Sofern ein Wort mehr als zwei Silben hat, wird die vorletzte Silbe genau dann betont, wenn sie lang ist, ansonsten die drittletzte Silbe (bei zweisilbigen Worten wird bis auf wenige Ausnahmen immer die vorletzte Silbe betont). Lang sind Silben mit Diphthongen, langen Vokalen und solche Silben, bei denen auf einen Vokal mehrere Konsonanten folgen, wobei hier ein Verschlusslaut (*p, t, k, b, d, g*) + *l, r* ausgenommen ist. Einige Beispiele machen das klarer: *fa-rī́-na* (vorletzte Silbe lang wegen langem *ī*), *có-me-dō* (vorletzte Silbe kurz), *dē-cúm-bō* (vorletzte Silbe trotz kurzem Vokal lang wegen folgendem *m + b*), *vó-lu-cris* (vorletzte Silbe kurz wegen kurzem Vokal, Verschlusslaut *c + r* längt die Silbe nicht wegen der oben erwähnten Ausnahmeregel). Gelegentlich wird in Fällen, wo der Anfänger häufig irrt, die betonte Silbe explizit angegeben (*cómedō*, nicht *comédō*).

Zwei weitere typografische Darstellungsmittel dienen als Aussprache- und Verständnishilfen: zum einen die explizite Darstellung der Diphthonge *æ, œ* (z.B. *Cæsar*: sprich Kaißar, nicht Kähsar oder Zäsar; *pœna*: sprich poina, nicht pöhna; dagegen kein Diphthong bei *poēta*, sprich: po-ehta), zum anderen die durchgängige Verwendung von *j* und *v* für die Halbvokale von *i* und *u* (z.B. gesprochen und geschrieben *rejiciō*, woanders oft nur als *reiciō* geschrieben; *majus*; aber *Gaius*, gesprochen dreisilbig Gaj-ji-us, nicht Gā-jus). Mit der üblicheren Unterscheidung von *u* und *v* können Formen wie *servī* (die Sklaven) und *seruī* (ich habe verknüpft) unterschieden werden.

EINFÜHRUNG 7

Wie funktionieren unser Gehirn und unser Gedächtnis?

Bevor wir Sie mit dem Training anfangen lassen, möchten wir Ihnen auf wenigen Seiten und mit einfachen Worten einige grundlegende Dinge zu unserem Gehirn und Gedächtnis näher bringen.

Unser Gehirn kann mit einem Muskel verglichen werden, der trainiert werden muss, damit er im Laufe der Zeit nicht seine Leistungsfähigkeit verliert. Die Neurowissenschaften bestätigten uns, dass ein wacher Geist genauso getrimmt werden muss wie unser Körper beim Sport. Eine gute mentale Fitness erreicht man also nur durch regelmäßiges Üben und natürlich auch die alltägliche Inanspruchnahme unseres Gedächtnisses.

Um sich mental fit zu halten und im besten Fall das Gehirn um ein paar Jahre zu verjüngen, helfen – neben einer bewussten Förderung und Forderung des Gehirns im Alltag – auch Gedächtnisübungen und -spiele sowie nicht zuletzt das Erlernen einer Fremdsprache.

Die Verbindung „Übung – Spiel – Gedächtnis" erlaubt es, sich Vokabeln, Nummernreihen, Aufzählungen, Bilder, Reime und Lieder zu merken, indem beide Teile des Gehirns gestärkt werden: zum einen die Schärfung des analytischen und logischen Denkens (linke Gehirnhälfte) und zum anderen die Förderung der Fantasie und Kreativität (rechte Gehirnhälfte).

Das Gedächtnis

Wenn man von ‚Gedächtnis' spricht, muss man Ultrakurzzeitgedächtnis, Kurzzeitgedächtnis und Langzeitgedächtnis voneinander unterscheiden.

Das Ultrakurzzeitgedächtnis speichert und verarbeitet neue Informationen, die uns über diverse Eingangskanäle erreichen (z. B. Sinneswahrnehmungen wie visuelle oder akustische Reize, aber auch Emotionen), nur sehr kurz. Erst wenn das Ultrakurzzeitgedächtnis entscheidet, dass die eingegangene Information so wichtig ist, dass sie weiter bearbeitet werden muss – z. B. weil sie sich unserer Aufmerksamkeit aufdrängt oder weil wir uns bewusst dafür interessieren –, wird eine Weiterleitung an das Kurzzeitgedächtnis erfolgen.

Das Kurzzeitgedächtnis kann Informationen mehrere Minuten lang speichern (durchschnittlich ca. 40 Minuten). Es ist vergleichbar mit dem Arbeitsspeicher eines Computers, der ebenfalls nur eine begrenzte Kapazität hat. Das Kurzzeitgedächtnis verarbeitet Informationen, die in dem jeweiligen Augenblick von Interesse sind und muss vor dem Verarbeiten neuer Informationen wieder entleert werden. Was für uns wichtig ist und was wir unbedingt behalten wollen, müssen wir daher im Langzeitgedächtnis speichern.
Beim Lernen ist es daher wichtig, nach ca. 40 Minuten eine Pause einzulegen, damit die Informationen verarbeitet werden können und man das Kurzzeitgedächtnis nicht überfrachtet.

Das Langzeitgedächtnis hat einen unbegrenzten Speicher und behält die Informationen, die dort ankommen, dauerhaft. Wenn von Gedächtnistraining oder Gehirnjogging die Rede ist, handelt es sich darum, diesen Bereich unseres Gedächtnisses zu trimmen. Informationen, die im Langzeitgedächtnis gespeichert sind, haben entweder einen großen „Eindruck" auf uns hinterlassen (z. B. besondere Erlebnisse), wurden durch Assoziationen (z. B. zu Vorwissen) gut aufbereitet und sind daher schnell wiederauffindbar, oder wurden durch Wiederholungen (z. B. in Lernprozessen) gefestigt.

Gedächtnis und Lernen

Eine wichtige Rolle für die Entfaltung des Gedächtnisses und den Lernerfolg spielen die folgenden Faktoren: Das Lernen sollte nach Möglichkeit immer in derselben Räumlichkeit stattfinden, die gut gelüftet, erholsam und einladend ist (oft reicht schon ein wenig Musik im Hintergrund und ein bisschen Ordnung). Legen Sie eine bestimmte Zeit zum Lernen fest, an die Sie sich dann halten, wenn möglich mit einem Abstand zu Erschöpfungsphasen und Mahlzeiten. Denken Sie beim Lernen auch an angemessene Pausen und Bewegung. Trinken Sie viel Wasser, das erleichtert dem Gehirn die Arbeit, und nehmen Sie nur leichte Speisen zu sich, die den Organismus nicht belasten und damit eine für das Lernen schädliche Schläfrigkeit verhindern.

Für Ihren persönlichen Lernerfolg ist es wichtig, sich über die Lernvorlieben bewusst zu werden. Überlegen Sie, was für ein „Lerntyp" Sie sind. Beantworten Sie dafür die folgenden Fragen mit „Ja" oder „Nein".

	JA	NEIN
1. Benutzen Sie vorwiegend die rechte Gehirnhälfte (Fantasie und Gefühle)?	☐	☐
2. Benutzen Sie vorwiegend die linke Gehirnhälfte (Logik, Vernunft, Abstraktion)?	☐	☐
3. Sind Sie ein visueller Lerner? Helfen Ihnen Bilder beim Lernen?	☐	☐
4. Hören Sie beim Lernen gerne Musik?	☐	☐
5. Zeichnen Sie gerne?	☐	☐
6. Bewegen Sie sich oft, wenn Sie lernen? Stehen Sie oft auf, dehnen Sie sich, gehen Sie ein paar Schritte im Raum umher?	☐	☐

EINFÜHRUNG

Die folgende Aufstellung verrät Ihnen, welche Memo-Tipps Ihrem Lernverhalten am nächsten kommen. Sehen Sie sich dabei nur die Memo-Tipps an, die sich auf die von Ihnen mit „Ja" beantworteten Fragen beziehen. Sie werden sich im Folgenden bei den zu diesen Memo-Tipps gehörigen Übungen leichter tun als bei anderen. Eine Erläuterung der genannten Memo-Tipps finden Sie ab Seite 14.

1. Frage ▶ Memo-Tipps 3B, 3C, 3E, 3G, 5, 6, 7
2. Frage ▶ Memo-Tipps 3F, 4, 8, 10
3. Frage ▶ Memo-Tipp   3E
4. Frage ▶ Memo-Tipps 3B, 3C
5. Frage ▶ Memo-Tipps 3D, 3E
6. Frage ▶ Memo-Tipp   3D

Aber warum sollte man nicht auch andere, bisher ungenutzte Techniken und Strategien ausprobieren? Sie könnten auf diese Weise positive Erfahrungen machen und neue Seiten an sich und Ihrem Lernverhalten entdecken. Vielleicht behalten Sie die eine oder andere hinzugewonnene Technik sogar in Zukunft bei.

Testen Sie auf den folgenden zwei Seiten nun Ihre Auffassungs- und Beobachtungsgabe. Die Beispielübungen zum Wörtergedächtnis enthalten an dieser Stelle noch deutsche Wörter. Sie begegnen hier nun auch der in den folgenden Übungen (ab S. 23) verwendeten Seitenaufteilung in **MERKEN** (rechte Seite) und **ANWENDEN** (linke Seite).

MERKEN   **11**

1. **Lesen Sie die folgenden Wörter ca. 30 Sekunden lang. Versuchen Sie dabei, sich die Wörter einzuprägen. Blättern Sie im Anschluss daran eine Seite weiter.**

Brot	Fenster	Buch	Wald	Liebe
sprechen	zwei	Berlin	Neffe	Adresse

2. **Prägen Sie sich die folgenden Wörter ein. Blättern Sie dann um.**

Arm	Bein	Kopf	Hand	Fuß
Auge	Mund	Nase	Knie	Hals

3. **Sehen Sie sich die Spielkarten eine Minute lang an.**

4. **Bilden Sie den Zahlenkasten in Gedanken eine Minute lang ab.**

8	0	7
2	4	9
6	5	1

ANWENDEN

1. Wie ist es Ihnen ergangen? Haben Sie sich alle Wörter gemerkt? Versuchen Sie die Wörter aufzuschreiben.

_____

_____

2. Unterstreichen Sie die neuen Wörter.

Mund   Hüfte   Arm   Bein   Kopf   Hand   Ellenbogen

Fuß   Auge   Nase   Knie   Lippen   Hals   Ohr

3. Welche Karten sind verschwunden?

4. Beantworten Sie die Fragen.

a. Wie lautet die Zahl in der Mitte?   _____

b. Was ergibt sich, wenn Sie die Zahlen der ersten Spalte zusammenzählen?   _____

c. Was erhalten Sie, wenn Sie die letzte Zahl von der ersten abziehen?   _____

Betrachten wir das Ergebnis der ersten beiden Aufgaben. Wenn es Ihnen gelungen ist, sich sechs oder sieben der Wörter zu merken, haben Sie schon ein recht gutes Gedächtnis.
In beiden Aufgaben war es das Ziel, sich zehn Wörter zu merken. Es handelte sich bei beiden Aufgaben um Wörter des Basiswortschatzes. Überlegen Sie nun, welche der beiden Aufgaben Ihnen einfacher vorkam und warum.
Sicherlich war die zweite Aufgabe für Sie leichter, ganz einfach deshalb, weil die Wörter sich alle im Umfeld ein und desselben Bedeutungsbereichs befinden und sich Verknüpfungen (Assoziationen) dadurch schneller bilden.
Mit den im Folgenden dargestellten Memo-Tipps wollen wir Sie unterstützen, solche Assoziationen zu bilden. Sie werden Ihnen helfen, Ihr Gedächtnis zu verbessern.

Wenn Sie die dritte und vierte Aufgabe lösen konnten, Kompliment. Falls nicht, wird Ihnen dieses Buch auch in diesem Bereich weiterhelfen, denn Sie werden Aktivitäten vorfinden, in denen Sie auch Ihre Beobachtungsgabe trainieren werden.

1. Grundregel

Beim Joggen ist es schlecht, nur einmal in der Woche vier Stunden am Stück zu trainieren. Das Gleiche gilt für das (Sprachen-)Lernen. Es ist besser, sich beständig ca. 20 Minuten am Tag anzustrengen (am besten zehn Minuten am Morgen und zehn Minuten am Nachmittag), als vier Stunden ununterbrochen an einem einzigen Tag. Und wenn Sie einmal nicht die Zeit oder die Energie haben, sich einem neuen Lernstoff – wie z. B. neuen Vokabeln – zu widmen, dann blättern Sie wenigstens ein paar Minuten Ihre Lernkartei durch (vgl. Memo-Tipp 2).

2. Lernkartei

Man lernt – besonders Vokabeln – auch, wenn man das Gelernte aufschreibt. Schreiben Sie also jede lateinische Vokabel, die Sie lernen möchten, auf Karteikarten.

Vorderseite	Rückseite
pānis	*Brot*

Bauen Sie sich auf diese Weise eine Lernkartei auf. Schreiben Sie die verschiedenen Vokabeln jeweils auf Karteikärtchen – evtl. auch mit Angaben zu Genus, unregelmäßigen Pluralformen, Betonungen etc.

Unterteilen Sie die Lernkartei in drei Bereiche. Verwenden Sie für die Unterteilung z. B. Karteikarten in einer anderen Farbe oder Größe. Ganz hinten ordnen Sie diejenigen Karteikarten ein, deren Vokabeln sie meinen zu beherrschen, in der Mitte diejenigen, die Sie weniger gut beherrschen und ganz vorne diejenigen, die neu oder nicht (mehr) bekannt sind.
Beginnen Sie beim Lernen bzw. Wiederholen immer vorne in der Lernkartei (Bereich der neuen oder nicht gewussten Vokabeln) und arbeiten Sie sich dann in den nächsten Bereich vor. Vergessen Sie dabei nicht, dass man ab und zu auch diejenigen Vokabeln wiederholen muss, die man zu kennen glaubt. Ziel ist es, den dritten Bereich – also die Anzahl der beherrschten Vokabeln – mehr und mehr zu erweitern. Dadurch steigern Sie den Langzeit-Lerneffekt.
Wiederholen Sie die Vokabeln ab und an auch in umgekehrter Sprachreihenfolge. Und denken Sie daran, auf den Karteikärtchen Platz für neue Wörter oder Satzbeispiele zu lassen.
Die Karteikarte von S. 14 könnte nach einiger Zeit so aussehen:

Vorderseite	Rückseite
pānis	Brot
Sæpe pānem cómedō.	Ich esse oft Brot.
hesternus, recēns, āridus pānis	altes, frisches, trockenes Brot
pīstor, pīstrīnum	Bäcker, Bäckerei
Pānis nōn cōnficitur sine farīnā.	Man backt kein Brot ohne Mehl.
(prōverbium)	(Sprichwort)

Auf diese Art und Weise wird die Lernkartei für Sie interessanter und wirkungsvoller, weil sie nach Ihren eigenen Bedürfnissen und Maßstäben angelegt ist.

3. Assoziationstechniken

Es gibt viele verschiedene Assoziationstechniken. Assoziation meint hierbei Verknüpfung und bedeutet in Bezug auf unser Gedächtnis, dass ein Assoziationsglied eine andere oder sogar mehrere andere Assoziationen zur Folge hat. Die Fähigkeit zu assoziieren ist also eine der Grundvoraussetzungen für unser Gedächtnis. Grundlage für gutes Assoziieren sind eine gute Vorstellungskraft, Kreativität und Fantasie. Besonders wirksam sind zusätzlich Verknüpfungen mit unserem Alltagsleben, so z. B. die Zuordnung von Eigenschaftswörtern zu Personen, auf die diese zutreffen: *Mārcus piger est.*

3A Synonyme, Gegenteile und semantische Felder

Verknüpfen Sie ein Wort mit seinen Synonymen (= sinnverwandte Wörter, z. B. *currus = ræda*), seinen Gegenteilen (z. B. *förmōsus ≠ dēfōrmis*), lernen Sie es zusammen mit einem geeigneten Adjektiv (z. B. *annus → annus scholasticus*) oder ordnen Sie es in ein semantisches Feld ein (= Wörter, die demselben Bedeutungsbereich entspringen, z. B. *arbor, nemus, silva, …*).

3B Klänge und Geräusche

Wörter lassen sich natürlich auch mit Musik, Klängen oder Geräuschen in Verbindung bringen. Haben Sie nicht auch schon versucht, den Text eines schönen fremdsprachigen Liedes zu verstehen? Vielleicht haben Sie auch versucht, das Lied auswendig zu lernen. Sie werden dabei gemerkt haben, dass die Verbindung Text – Melodie beim Lernen sehr nützlich ist. Genauso können Sie versuchen, jeden anderen zu lernenden Text mit einer Melodie, die Sie gut kennen, zu verbinden.

3C Reime

Auch Reime sind Teil der Wort-Assoziationen aus dem Bereich der Musik bzw. Rhythmik. Reime helfen dabei, sich Wörter oder Sätze besser zu merken und zu erinnern, auch wenn sie insgesamt Unsinn ergeben. Sie werden vielleicht feststellen, dass Sie sich absurde Reime besonders gut merken können: Cómedō mālum et intus inveniō tālum. Nescīmus quī sīmus et quid velīmus.

3D Bewegung

Das, was Sie lernen, kann in eine körperliche Aktivität oder Bewegung verwandelt werden. Sie können beispielsweise beim Lernen durch Ihre Wohnung gehen und auf die Dinge, deren Bezeichnung Sie in der Fremdsprache lernen möchten, zeigen und das entsprechende Wort dabei laut aussprechen.
Auch das Bewegen der Hand bzw. des Armes beim Zeichnen dessen, was man lernen möchte, gehört zu dieser Technik.
Falls Sie sich beim Lernen bisher nicht bewegt haben und dieser Möglichkeit eher skeptisch gegenüberstehen, vielleicht möchten Sie es einmal ausprobieren?

3E Bildhaftes Denken

Vor allem dem visuellen Lerntyp hilft die Assoziation Wort-Bild. Es ist erwiesen, dass unser Gedächtnis Bilder sehr viel besser speichert als Wörter. Sie können also z. B. in Ihrer Lernkartei Bilder oder Zeichnungen neben den jeweiligen Begriffen bzw. Sätzen anbringen.
Sie können aber auch versuchen, sich Bilder zu „erdenken". Schließen Sie dabei die Augen und erstellen Sie eine Gedankenverbindung zu dem zu lernenden Wort oder Satz durch ein Bild. Es ist ganz wichtig, dass Sie dieses Bild „sehen" – z. B. versuchen, es auf Ihr Lid zu projizieren – und nicht nur daran denken.

3F Zahlen

Zahlen lassen sich mit Formen oder Reimen assoziieren. Mit diesen Techniken ist es möglich, sich PINs, Telefonnummern, wichtige Daten etc. zu merken.

Die Verbindung Zahl-Form arbeitet mit formähnlichen Bildern, die den Zahlen jeweils zugewiesen werden. Wie bereits erläutert, kann sich unser Gedächtnis Bilder besser merken als abstrakte Wörter oder auch Zahlen. Beispiele für die Zahlen 0 bis 9:

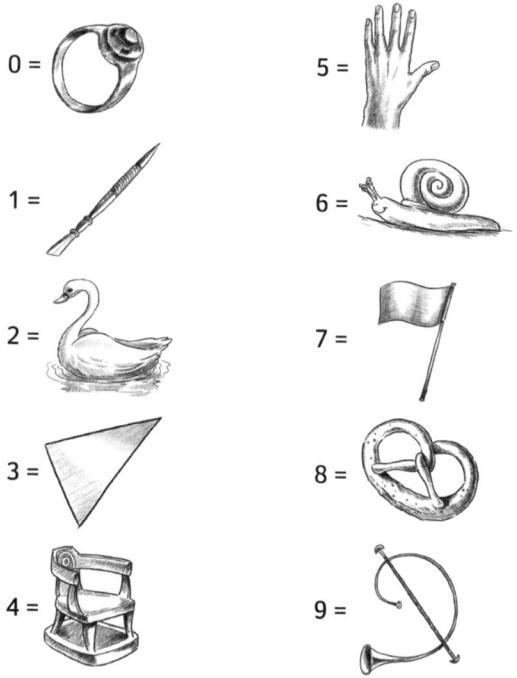

Wenn Sie versuchen, diese Bilder in eine zusammenhängende – und evtl. „merk"würdige – Geschichte zu verwandeln, dann fällt es Ihnen noch leichter, sich die Zahlenkombinationen zu merken. Die Verbindung Zahl-Reim bzw. Assonanz (Gleichklang) – je eigenartiger, desto besser merkbar – kann eine weitere Hilfestellung bei der Bildfindung für die Zahlen sein. Beispiele für die Zahlen eins bis zehn: **ein**(s) = **B**e**in**, **z**wei / **zw**o = Str**o**h, d**rei** = B**rei**, **vier** = **B**ier, f**ünf** = Str**ümpf**e, **sechs** = **Hex**e, **s**ieben = **R**üben, **acht** = **N**acht, **neun** = Sche**une**, **zehn** = **R**en. Auch hier kann die Verbindung der einzelnen Bilder zu einer Geschichte sehr nützlich sein.

Und wenn Sie sich Ihre eigenen Bilder ausdenken möchten, lassen Sie Ihrer Kreativität und Fantasie freien Spielraum.

3G Tasten, Fühlen und Riechen

Auch wenn diese Technik schwer im Bereich des Sprachenlernens anwendbar ist, sind diese Sinneseindrücke für das Gedächtnis sehr nützlich. Gegenstände, ohne sie zu sehen, anhand ihrer Form oder ihres Geruches bzw. Duftes zu erkennen und zu bestimmen, entwickelt auch die Fähigkeit, sich an deren Bezeichnung in der Fremdsprache zu erinnern.

4. Kontextualisierung und Abstraktion

Kontextualisieren Sie Vokabeln, d. h. lernen Sie ganze Sätze und nicht einzelne Wörter. Es ist sehr viel leichter sich ganze Ausdrücke oder Sätze zu merken, als einzelne Wörter. Also z. B. „Pānis mihī placet." anstatt nur „pānis". Verbinden Sie ein Verb mit mehreren Substantiven – „audiō clamōrem / prælēctiōnem / reum" oder lernen Sie Redensarten und Sprichwörter. Ergänzen Sie auch Ihre Karteikarten mit Sätzen und Wortverbindungen (vgl. Memo-Tipp 2. Lernkartei).

Wenn Sie mit Grammatikregeln konfrontiert sind, dann wiederholen Sie sie am effektivsten, indem Sie versuchen diese selbstständig aus einem (Kon)text zu erschließen (abstrahieren) und mit eigenen Worten wiederzugeben.

5. Kreativität und Fantasie

Schon mehrfach ist die Wichtigkeit der Fantasie und Kreativität für das Gedächtnis angesprochen worden. Wenn Sie beispielsweise eine Reihe von Vokabeln ohne Zusammenhang lernen müssen, versuchen Sie sich unter Verwendung der zu lernenden Wörter ein Bild, eine Geschichte oder sogar eine Art Comic auszudenken. Je absurder oder „merk"würdiger diese Verbindung der Wörter ist, desto einfacher werden Sie sie sich merken können.

Ein Beispiel: *catīnus – fenestra – patruus – larārium – pavīmentum – piscis*. Sie könnten an Ihren Onkel *(patruus)* denken, der auf dem Fußboden *(pavīmentum)* sitzt und von einem Teller *(catīnus)* isst, daneben ist ein Fisch *(piscis)*, der vom Fenster *(fenestra)* aus den Hausgötterschrein *(larārium)* betrachtet.

6. Wortspiele

Eine große Portion Fantasie ist auch für Wortspiele nötig. Sie können z. B. aus einem Wort andere Wörter bilden, indem Sie sie auseinandernehmen und entweder alle Buchstaben – *corpus / porcus* – oder nur einen Teil der Buchstaben – *corpus / cor* – wiederverwenden. Sie können auch einfach nur einen Buchstaben ändern und neue Wörter bilden: *mare / male / māla* etc. Auflistungen können Sie sich auch anhand der Bildung von Fantasieworten merken, indem Sie beispielsweise die Anfangssilben zu neuen Wörtern zusammenfügen.

7. Eselsbrücken

Eselsbrücken helfen beim Lernen von Fakten oder Daten durch leicht zu merkende Sprüche. Sie erinnern sich bestimmt noch an Eselsbrücken wie „Sieben, fünf, drei – Rom schlüpft aus dem Ei."

oder „Drei, drei, drei – bei Issos Keilerei." aus dem Geschichtsunterricht. Neben den in diesen Beispielen verwendeten Reimen ist auch die Technik der Verwendung von Anfangsbuchstaben einer Reihe von wichtigen Fakten in einem neuen Kontext sehr verbreitet, so z. B. bei der Reihenfolge der Planeten unseres Sonnensystems: „**M**ein **V**ater **e**rklärt **m**ir **j**eden **S**onntag **u**nsere **N**achbarplaneten." (**M**erkur, **V**enus, **E**rde, **M**ars, **J**upiter, **S**aturn, **U**ranus, **N**eptun)
Mit etwas Fantasie können Sie sich für Ihre Lerninhalte ähnliche Eselsbrücken bauen.

8. Aufmerksamkeit und Konzentration

Ein gutes Gedächtnis ist nur dann garantiert, wenn man – beispielsweise beim Lesen und Lernen oder auch beim Betrachten von Bildern, Grafiken und Plänen – den richtigen Grad an Aufmerksamkeit und Konzentration walten lässt.
Wörtlich meint Konzentration das Lenken des Bewusstseins auf einen Mittelpunkt, wie z. B. das jeweils zu lernende Thema, ein zu betrachtendes Bild oder einen zu lesenden Text. Aufgrund des uns umgebenden großen Reizangebots ist es aber nicht immer leicht, die nötige Aufmerksamkeit und Konzentration über längere Zeit beizubehalten. Wenn Sie merken, dass Sie beim Lernen vom Thema abschweifen, können Sie u. a. durch folgende Übungen Ihre Konzentration wieder schärfen:

– Nehmen Sie sich einen beliebigen Text und lesen Sie für ca. drei Minuten nur die Silben (mit jeweils zwei Sekunden Abstand von Silbe zu Silbe).
– Üben Sie ca. drei Minuten lang die Bauchatmung (beim Einatmen in den Bauch wölbt sich dieser sichtbar nach außen).
– Lesen Sie einen Text um 180° gedreht (also auf dem Kopf stehend).

9. Lesestrategien

Wenn Sie möglichst viele Informationen aus gelesenen Texten behalten wollen, müssen Sie – noch bevor Sie mit der Gedächtnisarbeit beginnen – Ihre Lesetechnik verbessern. Ab Seite 115 werden Sie mit verschiedenen Lesestrategien und dazugehörigen Übungen vertraut gemacht.

10. Logik

Die sehr stark auf Kreativität und Fantasie ausgerichteten vorangegangen Memo-Tipps haben sich auf die rechte Gehirnhälfte bezogen, dem Sitz unserer künstlerischen, erfinderischen und emotionalen Fähigkeiten. Der breite Raum, der diesen im Bereich der rechten Gehirnhälfte angesiedelten Techniken gegeben wurde, ergibt sich aus der Tatsache, dass sich das „normale", Ihnen bekannte Lernen hauptsächlich im Bereich der linken Gehirnhälfte abspielt, die für Logik, Analyse und Organisation zuständig ist. Da wir nur dann das Potential unseres Gehirns nutzen, wenn beide Gehirnhälften zusammenarbeiten, werden Ihnen auch Übungen zum logischen Denken begegnen.

Auf der folgenden Seite beginnen die Übungen, in denen Sie viele der zuvor genannten Memo-Tipps umsetzen können. In der Randspalte führt Sie das Symbol ▶ Memo-Tipp zurück zu den Erläuterungen des jeweils anwendbaren Memo-Tipps.

Bevor Sie die Arbeitsanweisung lesen und sich die lateinischen Vokabeln einzuprägen versuchen, überfliegen Sie diese kurz und gehen Sie sicher, dass Sie die Bedeutungen kennen. Bei Verständnisschwierigkeiten hilft das alphabetische Wörterverzeichnis (Latein – Deutsch) ab S. 144 weiter.

MERKEN 23

1. Stellen Sie sich vor, Sie sitzen als *scrība* (Schreiber, Sekretär) im alten Rom vor Ihrem Schreibtisch und sind von den folgenden Gegenständen umgeben. Prägen Sie sich die Dinge in der angegebenen Reihenfolge ein.

▶ Memo-Tipp 3a + 3E

1. mēnsa
2. sella
3. stilus
4. tabula cērāta
5. pugillārēs
6. charta
7. calamus
8. ātrāmentārium
9. spongia
10. volūmen
11. capsa
12. lucerna

2. Lesen Sie die folgenden Zahlen laut auf Lateinisch vor und prägen Sie sie sich ein.

▶ Memo-Tipp 3F

3	0	17
5	11	6
16	1	8

ANWENDEN

1. In welcher Reihenfolge wurden die Gegenstände aufgelistet?

- [ ] ātrāmentārium
- [ ] charta
- [ ] mēnsa
- [ ] sella
- [ ] lucerna
- [ ] stilus
- [ ] spongia
- [ ] tabula cērāta
- [ ] pugillārēs
- [ ] calamus
- [ ] volūmen
- [ ] capsa

2. Schreiben Sie in Worten auf Lateinisch diejenigen Zahlen bis 20, die nicht Bestandteil der Tabelle sind.

_____

_____

_____

_____

MERKEN 25

3. **Lesen Sie die folgenden Sätze und verbinden Sie sie mit den entsprechenden Orten auf der Karte. Merken Sie sich dann die Sätze.** ▶ Memo-Tipp 3E

Claudia Rōmāna est.

Fēlīx Londiniēnsis est.

Clāra Venētiāna est.

Robertus Francofurtēnsis est.

Ēva Vindobonēnsis est.

Lūcius Matrītēnsis est.

Bernardus Monacēnsis est.

Anna Lūtētiēnsis est.

4. **Einfache Reime oder Liedstrophen helfen beim Lernen. Konzentrieren Sie sich auf die folgenden Verse, die geeignet sind, um sich die Anzahl der Tage in einem Monat zu merken.** ▶ Memo-Tipp 3C

> Trīgintā diēs habet September,
> Aprīlis, Jūnius et November.
> Aliī habent trīgintā ūnum
> extrā Februārium sōlum
> cui sunt duōdētrīgintā.

3. Erinnern Sie sich, woher die Personen kommen? Schreiben Sie Sätze mit Nationalitätenadjektiven. Wenn es Personen mit derselben Nationalität gibt, orientieren Sie sich am angegebenen Beispiel.

1. *Claudia et Clāra Italae sunt.*
2. _____
3. _____
4. _____
5. _____
6. _____

4. Schreiben Sie diejenigen Monate auf Lateinisch, die nicht in den Versen vorkommen.

_____ _____

_____ _____

_____ _____

_____

MERKEN 27

5. Prägen Sie sich die folgenden Wörter ein.

▶ Memo-Tipp
3A + 3E

operārius	puls
vēnditor	præceptor
pullus	medicus
ōvum	farcīmen
faber lignārius	jūsculum

6. Lesen Sie die folgenden Uhrzeiten laut auf Lateinisch vor und prägen Sie sie sich ein.

▶ Memo-Tipp
3A + 3E

1.
2.
3.
4.
5.
6.

ANWENDEN

5. Die Wörter auf der vorangegangenen Seite haben Gemeinsamkeiten. Wie lauten die entsprechenden Oberbegriffe auf Lateinisch? Ordnen Sie die Wörter diesen Oberbegriffen zu.

_____ :

_____

_____

_____ :

_____

_____

6. Machen Sie neben diejenigen Uhrzeiten ein Kreuzchen, die auf der vorangegangenen Seite abgebildet sind.

- ☐ Hōra sexta minūta quadrāgēsima est.
- ☐ Media nox est.
- ☐ Hōra tertia et dōdrāns est.
- ☐ Hōra tertia minūta trīcēsima quīnta est.
- ☐ Merīdiēs / Hōra duodecima est.
- ☐ Hōra prīma minūta decima est.
- ☐ Hōra sexta minūta quadrāgēsima quīnta est.
- ☐ Dēsunt vīgintī minūtæ ad hōram septimam.

MERKEN 29

7. Prägen Sie sich den folgenden Satz ein.
▶ Memo-Tipp 4

Mihī nōmen est Mārcō*, Mediōlānī in Italiā habitō. Architectūræ studeō, in præsēns autem in officīnā cujusdam amīcī patris meī operor.

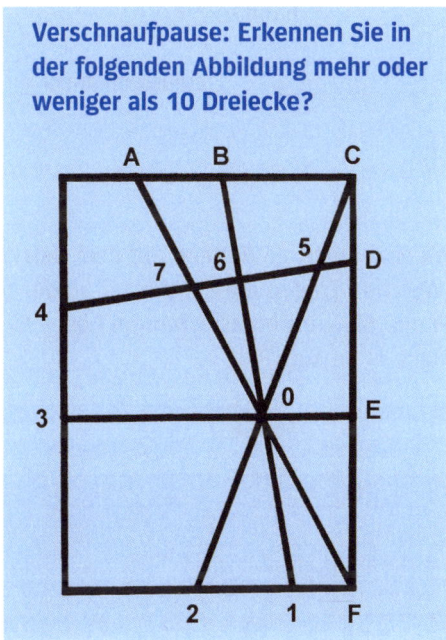

Verschnaufpause: Erkennen Sie in der folgenden Abbildung mehr oder weniger als 10 Dreiecke?

8. Welche Angaben finden Sie auf dem Reisepass? Prägen Sie sich die folgenden Wörter ein.
▶ Memo--Tipp 3A + 3E

nōmen	prænōmen	diēs nātālis
sexus	locus nātālis	dătum
	validus ad	

*Dativ von *Mārcus*, richtet sich im Kasus nach *mihī*.

30 **ANWENDEN**

7. Erinnern Sie sich an die Informationen? Vervollständigen Sie den Satz.

Nōmen ejus est _____ , _____ in

_____ habitat. _____ studet, sed

etiam in _____ cujusdam amīcī _____

suī operātur.

8. Wir haben eine wichtige Angabe auf dem Reisepass vergessen. Welche? Tragen Sie die Wörter an der richtigen Stelle ein und Sie werden es erfahren. Lösen Sie den Diphthong æ in ae auf.

☐ ☐ M ☐ ☐   D ☐ ☐ ☐ ☐

☐ ☐ ☐ ☐ O ☐ ☐ ☐   ☐ ☐ ☐ ☐ S

☐ I ☐ ☐ ☐ ☐ ☐ ☐ L ☐ ☐

☐ A ☐ ☐ ☐ ☐ ☐ D

☐ ☐ C ☐ ☐   ☐ ☐ ☐ ☐ ☐ ☐ S

Lösung: ☐ ☐ ☐ ☐ ☐

9. Prägen Sie sich jede der Zahlen ein und blättern Sie dann um.

▶ Memo-Tipp 3F

duo mīlia quīngenta sexāgintā duo

quīndecim mīlia octingenta vīgintī septem

centum duodētrīgintā mīlia quadringenta vīgintī sex

trecenta et vīgintī septem mīlia octingenta quattuordecim

deciēs centēna mīlia nōngenta quīnque mīlia trecenta sexagintā sex

vīciēs mīliēs centēna mīlia et octō

10. Merken Sie sich die folgenden Wörter aus dem Bereich Nahrungsmittel.

▶ Memo-Tipp 3A + 3E

carō	lac
piscis	perna
oxygala	ōvum
sal	būtȳrum
fragum	siser
pōmum	láganum

ANWENDEN

9. Schreiben Sie die Zahlen in arabischen und römischen Ziffern.

_____

_____

_____

_____

_____

_____

10. Welche der Wörter sind maskulinen Geschlechts? Welche sind feminin? Und welche außer denen auf -um sind neutral?

1. maskulin:

_____

2. feminin:

_____

3. neutral:

_____

11. Ordnen Sie die folgenden Wörter den Zeichnungen zu und prägen Sie sie ein.

▶ Memo-Tipp
3E + 3G

láganum   placenta   pōculum vīnī   pedēs sūdātī

piscis corruptus   sordēs   flōs   mephītis

___

___

12. Merken Sie sich die folgenden Sätze.

▶ Memo-Tipp 4

Lūnæ diē nūndinæ agentur.

Mārtis diē diēs fēstus celebrābitur.

Mercuriī diē perīculum mihī subeundum erit.

Jovis diē suffrāgia ferentur.

Veneris diē lūdī circēnsēs fient.

Saturnī diē ācroāsis fiet.

Sōlis diē cōmœdia agētur.

11. Ordnen Sie die Wörter den folgenden Oberbegriffen zu.

☺ odōrēs jūcundī: _____

_____

☹ odōrēs tætrī: _____

_____

12. Antworten Sie mit „ita" oder „nōn".

	ita	nōn
1. Agenturne Lūnæ diē nūndinæ?	☐	☐
2. Eritne mihī Mārtis diē perīculum subeundum?	☐	☐
3. Ferenturne suffrāgia Mercuriī diē?	☐	☐
4. Fientne lūdī circēnsēs Jovis diē?	☐	☐
5. Celebrābiturne diēs fēstus Mārtis diē?	☐	☐
6. Fietne Saturnī diē ācroāsis?	☐	☐
7. Sōlisne diē cōmœdia agētur?	☐	☐

MERKEN 35

13. Sie haben den Tisch gedeckt. Betrachten Sie die Gegenstände aufmerksam und sprechen Sie laut deren lateinische Bezeichnungen. Die Wortliste hilft Ihnen dabei, aber nicht alle genannten Gegenstände sind auch abgebildet. Prägen Sie sich dann die Zeichnung ein.

▶ Memo-Tipp 3E + 8

acētābulum   patina   scyphus   ligula   cochlear   urceus

salīnum   catīnus   mappa   lagœna   cantharus

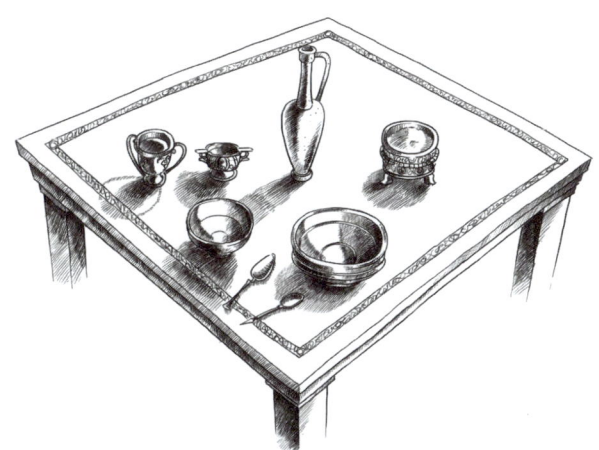

14. Wie steht es um Ihre Logik? Lesen Sie die folgenden Zahlenreihen laut auf Lateinisch vor und setzen Sie sie logisch fort. Merken Sie sich das jeweilige Kriterium, das hinter den Zahlenreihen steckt.

▶ Memo-Tipp 10

1. Zahlenreihe: 3 – 6 – 9 – 12 – _____

2. Zahlenreihe: 21 – 19 – 17 – 15 – _____

3. Zahlenreihe: 2 – 4 – 8 – 16 – _____

4. Zahlenreihe: 5 – 11 – 23 – 47 – _____

13. Was haben Sie beim Tischdecken vergessen? Nun ist die Zeichnung vollständig. Welche Gegenstände wurden hinzugefügt?

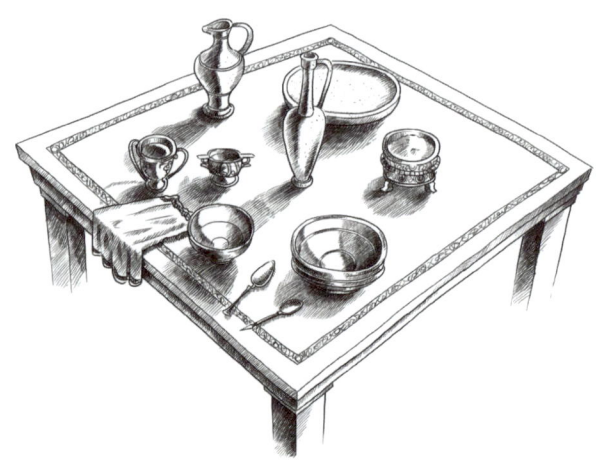

---

14. Hier sehen Sie nun die Zahlen, die Sie auf der vorangegangenen Seite geschrieben haben (sollten). Können Sie jetzt jeder Zahlenreihe aus dem Gedächtnis noch eine weitere Zahl hinzufügen?

1. Zahlenreihe: 15 – _____

2. Zahlenreihe: 13 – _____

3. Zahlenreihe: 32 – _____

4. Zahlenreihe: 95 – _____

15. Schreiben Sie unter jede Zeichnung wie im Beispiel den entsprechenden lateinischen Ausdruck. Prägen Sie sich dann die Zeichnungen ein.

▶ Memo-Tipp 3A + 3E

| mālum | ūva | ālium | castanea |
| ~~pirum~~ | cēpa | cúcumis | carduus |

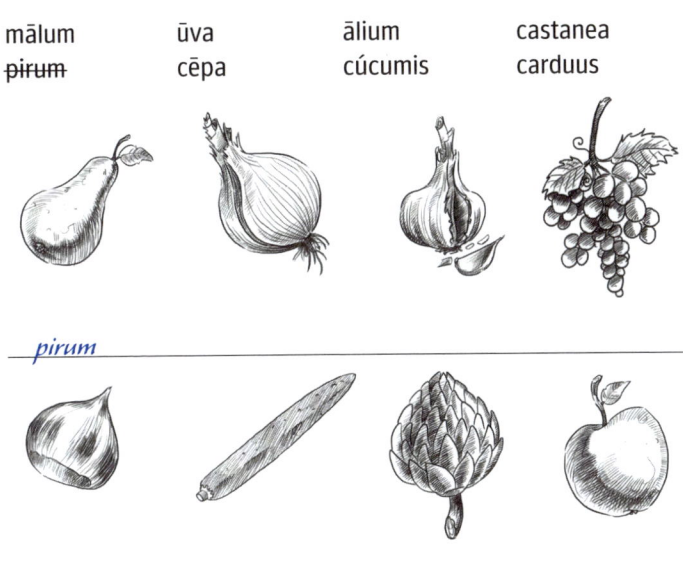

pirum

16. Sie kennen ganz bestimmt die Melodie von „Happy Birthday". Mit dieser Melodie können Sie den folgenden kurzen Liedtext singen und sich einprägen.

▶ Memo-Tipp 3B + 3C

Dēs mihī hospitium,
dēs mihī hospitium,
ā Kalendīs Jānuāriīs
ad diem ūndecimum!

Nunc locus dēest, doleō,
nunc locus dēest, doleō,
tamen iterum mē rogēs
hōrā tertiā, quæsō!

38 ANWENDEN

15. Ihre Einkaufstasche hatte ein Loch. Was haben Sie verloren?

_____

16. Haben Sie den Liedtext auswendig gelernt?
Dann beantworten Sie die folgenden Fragen mit „vērum"
oder „falsum".

Homō …	vērum	falsum
1. … hospitium quærit.	☐	☐
2. … hospitium ūndecim noctēs dēsīderat.	☐	☐
3. … ā Kalendīs Jānuāriīs ad Īdūs Jānuāriās commorārī vult.	☐	☐
4. … hōrā quartā iterum rogāre potest.	☐	☐

17. Prägen Sie sich die folgenden Wörter bzw. Wortgruppen ein. ▶ Memo-Tipp 3A + 4

spectāre	lūdōs
īre	ambulātum / ad forum / in silvam / domum / in somnum
lūdere	tālīs / āleā / pedifolliō
vehī	currū
facere	gradum
remanēre	domī
audīre	cantum

> **Verschnaufpause:** Bevor Sie die Aufgabe lesen, gehen Sie sicher, dass Sie die folgenden Ausdrücke kennen: *plūs temporis, quam, bis, dīmidius*. Beantworten Sie die Frage dann schnell und spontan.
>
> Eritne plūs temporis XX verba discere quam bis dīmidiam partem XX verbōrum?

18. Prägen Sie sich die folgenden Adverbien ein. ▶ Memo-Tipp 6 + 8

PRAESERTIM   LIBENTER   MAXIME   OMNINO

ANWENDEN

17. Unterteilen Sie die Wörter und Wortgruppen nach folgenden Kriterien:

homō movēns:

_____

_____

_____

homō sedentārius:

_____

_____

_____

18. Unterstreichen Sie die Wörter bzw. Ausdrücke, die sich aus den einzelnen Buchstaben der vorangegangenen Adverbien bilden lassen.

NON	ODIUM	TEMPUS
VERO	TIMEO	TRES ANNOS
BIBAX	MEMORIA	SAXUM
EMBLEMA	OMNIS	OBLIGARE

MERKEN 41

19. Prägen Sie sich die folgenden Wörter ein. ▶ Memo-Tipp 3C

fātum	argentum	diēs	scīre
amāre	cīvitās	quiēs	magister
minister	cāritās	audīre	pavīmentum
tabulātum	laudāre		

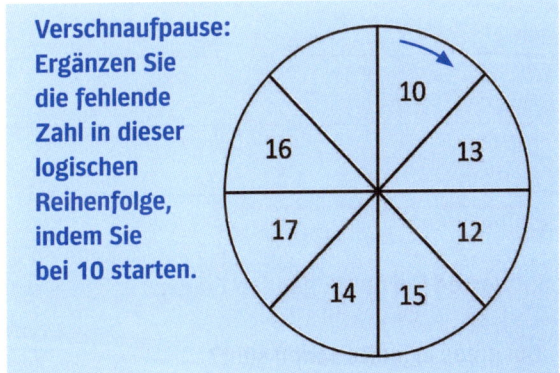

Verschnaufpause: Ergänzen Sie die fehlende Zahl in dieser logischen Reihenfolge, indem Sie bei 10 starten.

20. Sie erwarten Gäste zum Abendessen und müssen einkaufen gehen. Prägen Sie sich die Einkaufsliste aufmerksam ein. ▶ Memo-Tipp 3A + 3E

XX pānēs
XV ámphoræ aquæ
II pullī
V libræ vitulīnæ
mappæ

III ámphoræ vīnī
V lagœnæ mulsi
V libræ suīllæ
pōcula

ANWENDEN

19. Schreiben Sie die Wörter, die sich reimen, jeweils nebeneinander.

_____   _____

_____   _____

_____   _____

_____   _____

_____   _____

_____   _____

_____   _____

20. Beantworten Sie die folgenden Fragen.

1. Quī pōtūs in indice scriptī sunt?

   _____

2. Quālēs carnēs emī opus sunt?

   _____

3. Quot ámphoræ emī opus sunt?

   _____

4. Quæ verba nūllum númerum ante sē habent?

   _____

MERKEN 43

21. Lesen Sie mehrere Male so schnell wie möglich das lateinische Alphabet von *a* bis *z* nur mit den Augen. Dann lesen Sie es langsamer und laut auf Lateinisch.

▶ Memo-Tipp 8

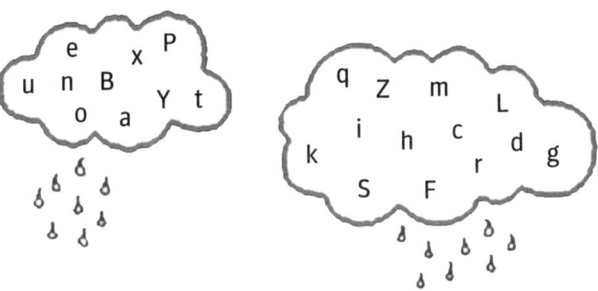

22. Prägen Sie sich die folgenden Sätze in der vorgegebenen Reihenfolge ein.

▶ Memo-Tipp 3D

1. Faciō trēs passūs dextrōrsum.

2. Faciō trēs passūs sinistrōrsum.

3. Eō quattuor passūs porrō.

4. Eō quattuor passūs retrō.

5. Stō super sēde.

6. Eō ad fenestram.

7. Astō mēnsæ.

8. Rēpō sub mēnsam.

9. Stō inter lectum et mēnsam.

21. Schreiben Sie das lateinische Alphabet. Welche der Buchstaben wurden auf der vorangegangenen Seite groß geschrieben und welche klein?

_____

_____

_____

> Verschnaufpause: Sehen Sie sich aufmerksam die folgenden Buchstaben an. Sie folgen nach einem logischen (aber nicht mathematischen) Kriterium aufeinander. Welcher Buchstabe muss an zehnter Stelle stehen? Wenn Sie nach ein paar Minuten nicht auf die Lösung kommen, sehen Sie sich nach und nach die Tipps an.
>
> D – N – O – S – S – Q – Q – T – D – ?
>
> Tipp 1: Die Buchstaben stellen Initialen lateinischer Wörter dar. Sie kommen immer noch nicht weiter? Dann lesen Sie den nächsten Tipp.
>
> Tipp 2: Denken Sie an Zahlen.

22. Stehen Sie nun auf und folgen Sie aktiv den Anweisungen. Wiederholen Sie dabei laut die Sätze. Sie kommen sich dabei etwas dumm vor? Dann liegt Ihnen der Memo-Tipp 3D vielleicht nicht. Probieren Sie es trotzdem aus.

MERKEN

23. Prägen Sie sich die folgenden Zahlen-Bilder- bzw. Formen-Kombinationen ein. Versuchen Sie dann, sich die angegebenen Telefonnummern zu merken, indem Sie sich anstatt der Zahlen die entsprechenden Bilder einprägen. Wenn sie möchten, können Sie auch kurze Geschichten erfinden, die sich um die den Zahlen zugeordneten Bilder drehen.

▶ Memo-Tipp 3F

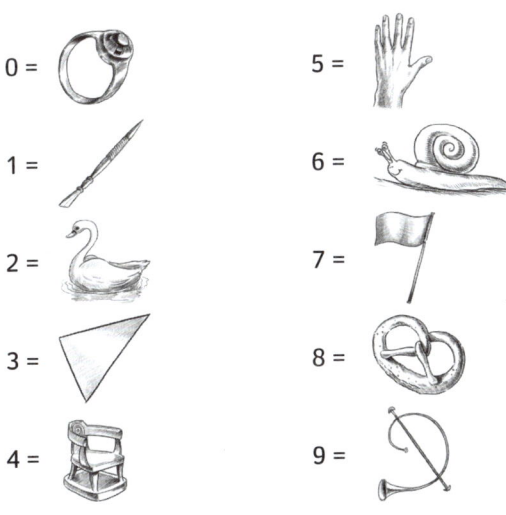

Sophia: 47 85 96 73

Catharīna: 85 14 62 45

Robertus: 74 65 24 13

Alexander: 83 54 92 75

24. Ist Ihnen die in Übung 23 angewendete Technik schwergefallen? Dann probieren Sie das folgende System aus: Prägen Sie sich dieses Wort und die zu jedem Buchstaben gehörige Zahl ein.

A	G	N	O	S	C	I	M	U	R
1	2	3	4	5	6	7	8	9	0

23. Erinnern Sie sich an die Telefonnummern? Schreiben Sie sie auf.

Sophiæ numerus tēlephōnicus: _____

Alexandrī numerus tēlephōnicus: _____

Robertī numerus tēlephōnicus: _____

Catharīnæ numerus tēlephōnicus: _____

24. Folgen Sie dem Beispiel und verwandeln Sie die folgenden PINs im Sinne des auf der vorangegangenen Seite eingeprägten Systems.

0874:	_____	12690:	_____
10701:	_____	58233:	_____
98761:	_____	40691:	_____

Versuchen Sie, sich wichtige PINs anhand eines ähnlichen Systems zu merken. Wichtig: Nur Sie dürfen das Wort bzw. den Ausdruck, der sich dahinter verbirgt, wissen.

25. Merken Sie sich die folgenden Sätze.

▶ Memo-Tipp 4

1. Crās adveniam.

2. Eō ad palæstram.

3. Helena dormit.

4. Medicīnam exerceō.

5. Nōn veniam quia ægrōtō.

> Verschnaufpause: Bevor Sie die Aufgabenstellung lesen, gehen Sie sicher, dass Sie den Ausdruck *quot sunt?* verstehen.
>
> Si A = 1, B = 2, C = 3 etc. quot sunt F + N?
>
> F + N = _____

26. Prägen Sie sich die folgenden Ausdrücke ein.

▶ Memo-Tipp 3E + 4

pōtiōnēs frīgidās sorbillāre

lacernam gerere

castaneās comedere

nartāre

aprīcārī

ūvās vīndēmiāre

hirundinēs spectāre

flōrēs serere

ANWENDEN

25. Vervollständigen Sie die folgenden Fragen, die sich auf die Sätze der vorangegangenen Seite beziehen.

1. Quis _____ ?

2. Quō _____ ?

3. Quandō _____ ?

4. Cūr _____ ?

5. Quid _____ ?

26. Fügen Sie die Ausdrücke neben die dazugehörigen Jahreszeiten ein. Verwenden Sie eine passive Konstruktion.

1. Vēre *hirundinēs spectantur* _____

   et _____ .

2. Æstāte _____

   et _____ .

3. Autumnō _____

   et _____ .

4. Hieme _____

   et _____ .

MERKEN 49

27. Prägen Sie sich die folgenden Gegenstände ein, indem Sie sich deren typische Farben vorstellen.

▶ Memo-Tipp 3E

1. toga
2. cælum
3. terra
4. sanguis
5. sōl
6. folium

> Verschnaufpause: Wie viele Farben bzw. Farbstifte benötigt man, wenn man eine Ampel, die Fahnen des Vatikans, Österreichs und der Schweiz sowie einen vatikanischen Briefkasten zeichnen möchte?

28. Wie aufmerksam können Sie beobachten? Betrachten Sie die folgenden Ausdrücke, vor allem die Verben.

▶ Memo-Tipp 4 + 8

Flōrem rubrum sēlēgit.

Placentam fuscam comēdit.

Togā candidā indūtus est.

Serpēns viridis rēpsit.

Pilā cæruleā lūsit.

Pōma flāva ēmit.

Equum nigrum rapuit.

Capram albam vēndidit.

27. Ordnen Sie den Farben die jeweiligen Gegenstände zu.

1. alba = _____

2. viridis = _____

3. cæruleum = _____

4. ruber = _____

5. flāvus = _____

6. fusca = _____

28. Notieren Sie die Stammformen der Verben (nach dem Muster *laudāre, laudō, laudāvī, laudātum*). Was haben sie aus grammatikalischer Sicht gemeinsam?

_____

_____

_____

_____

_____

_____

_____

29. Kennen Sie die Melodie von „Mein Onkel hat 'nen Bauernhof ia-ia-o"? Singen Sie den folgenden Text mit dieser Melodie und prägen Sie ihn sich dabei ein.

▶ Memo-Tipp 3B

Avunculus est laniō, īa, īa, ō

labōrat in laniāriō, īa, īa, ō

ibī vēneunt quæ bona sunt

suīlla, ovīlla, farcīmina, cētera.

Avunculus est laniō, īa, īa, ō

cui nōmen est Ovidiō*, īa, īa, ō

quī sē gerit quasi poēta sit

recitat, dēclāmat, memoriter prōnūntiat.

Avunculus est laniō, īa, īa, ō

sed hoc est ei odiō, īa, īa, ō

carnem nōn amat potius gūstat

holera, sēmina, pōma, frūmenta.

Avunculus est laniō, īa, īa, ō.

30. Prägen Sie sich die folgenden Silben ein.

▶ Memo-Tipp 6

BI　　　　LA　　　　TEM　　　　PA

---

*Dativ von *Ovidius*, an *cui* angeglichen.

ANWENDEN

29. Beantworten Sie die Fragen.

1. Quam artem avunculus exercet?

   _____

2. Quod est ei nōmen?

   _____

3. Quæ mercēs vēneunt?

   _____

4. Quōmodo avunculus sē gerit?

   _____

5. Quōs cibōs avunculus amat?

   _____

30. In den folgenden Wörtern sind die Silben durcheinander geraten. Außerdem fehlt jedem Wortpaar eine Silbe von der vorigen Seite. Stellen Sie die Wörter wieder her.

LIS – NO

BU – FA

TAS – CA – MI

UM – DU

RE – COM – RA

TI – TIA – EN

NE – CON – RE

PES – TAS

31. Prägen Sie sich die folgenden Nummernschilder* ein.

▶ Memo-Tipp 3F

SCV 03487	CV 04827
CV 38275	SCV 29875
CV 98296	CV 01245

32. Prägen Sie sich die folgende Beschreibung ein.

▶ Memo-Tipp 3D + 3E

Prope arcum Septīmiī Sevērī est cūria Jūlia.

Ante cūriam basilica Æmiliāna sita est.

Contrā basilicam templum Castoris et Pollūcis cōnstitūtum est.

Juxtā templum basilica Jūlia invenītur.

Inter basilicam Jūliam et cūriam rōstra posita sunt.

---

*Der Vatikan besitzt zwei Arten von Nummernschildern: Staatliche Fahrzeuge haben das Kürzel SCV (Status Cīvitātis Vāticānæ), Privatfahrzeuge CV (Cīvitās Vāticāna).

31. Vervollständigen Sie die Nummernschilder.

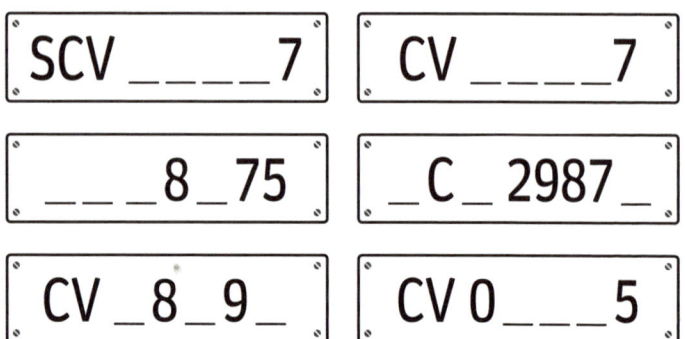

32. Zeichnen Sie nun die beschriebenen Gebäude. Halten Sie sich dabei auch an die beschriebene Positionierung der Gebäude.

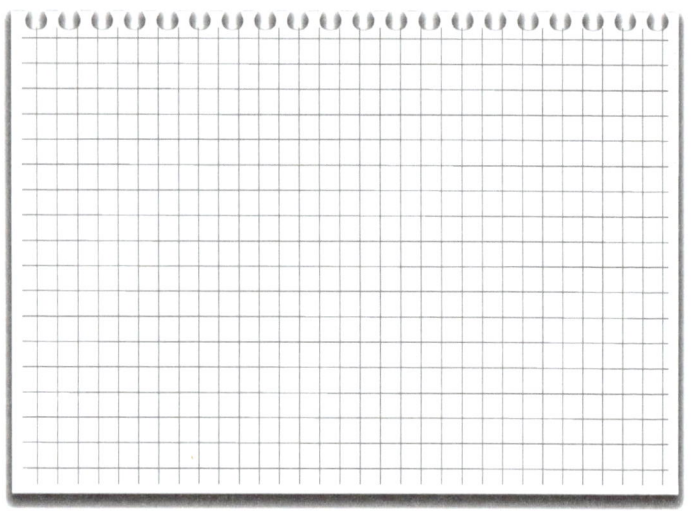

33. Die folgenden Substantive bzw. Adjektive sind für Personenbeschreibungen notwendig. Prägen Sie sie sich ein.

▶ Memo-Tipp 3A + 3E

faciēs	aurēs	capillī	statūra
nāsus	barba	color	oculī
calvus	prōcērus	brevis	crassus

34. Betrachten Sie aufmerksam die Zeichnung. Beschreiben Sie dann Vater und Sohn laut auf Lateinisch.

▶ Memo-Tipp 3E + 8

33. Unterstreichen Sie die neu hinzugekommenen Wörter.

macer	aurēs	pallidus	ōs
capillī	barba	nāsus	tenuis
statūra	color	faciēs	compāctus
calvus	prōcērus	brevis	oculī
crassus	vetus		

Übrigens: Kennen Sie den Ausdruck „Barba nōn facit philósophum"?

34. Welche Eigenarten haben Vater und Sohn gemeinsam? Worin unterscheiden sie sich?

Utrīque _____ .

_____ .

Pater _____ .

_____ .

Fīlius _____ .

_____ .

35. Prägen Sie sich die genannten Wörter ein. Lassen Sie aber auch die nicht erwähnten Körperteile nicht außer Acht.

▶ Memo-Tipp 3E + 8

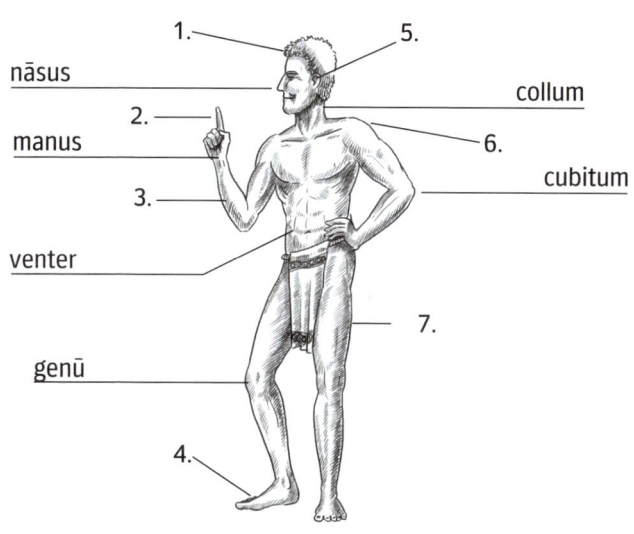

nāsus
manus
venter
genū
collum
cubitum

36. Die folgenden Adjektive beschreiben Körperteile. Welche?

▶ Memo-Tipp 3A

_____ aduncus[1], tūberōsus, sīmus[2]

_____ ōvāta, rotunda, bucculenta

_____ cirrātī, dēnsī, cānī

_____ gracilia, valga, pilōsa

_____ grandēs[3], viridēs, cæruleī[1]

_____ tenuia, carnōsa, turgida[2]

[1]Suētōnius *Galba* 21,1,1   [2]Mārtiālis *epigrammatōn librī XIV* 6,39,8
[3]Suētōnius *Domitiānus* 18,1,2

ANWENDEN

35. Welchen Zahlen an der Zeichnung entsprechen die folgenden Wörter?

umerus: Nr. _____   pēs: Nr. _____

bracchium: Nr. _____   auris: Nr. _____

digitus: Nr. _____   caput: Nr. _____

crūs: Nr. _____

Tragen Sie die fehlenden Wörter in die Zeichnung auf der vorangegangenen Seite ein.

36. Welche Adjektive sind verschwunden?

oculī   viridēs, grandēs, _____

crūra   valga, pilōsa, _____

faciēs   rotunda, bucculenta, _____

labra   tenuia, turgida, _____

capillī   dēnsī, cirrātī, _____

nāsus   aduncus, sīmus, _____

37. Im Folgenden lernen Sie einige lateinische Redensarten kennen. Ersetzen Sie die Lücken jeweils mit der Bezeichnung eines Körperteils. Prägen Sie sich die Sätze dann ein.

▶ Memo-Tipp 4

1. In hāc rē omnī _____ standum est.[1]

2. An nescīs longās rēgibus esse _____ ?[2]

3. Nec _____ nec pedēs.[3]

4. Asciam sibī in _____ impingere.[4]

5. Mel in ōre, fel in _____ .

38. Prägen Sie sich die folgenden Kombinationen aus Zahlen und Ereignissen bzw. Berühmtheiten ein.

▶ Memo-Tipp 3E + 3F

007 speculātor Anglicus illūstris

2   cōnsulēs

7   rēgēs Rōmānī

12   lēgēs duodecim tabulārum

25   Chrīstī nātālis

1   Kalendæ Jānuāriæ

15   Īdūs Mārtiæ

31   a.C.n. pugna Actíaca

[1] Quīntiliānus *īnstitūtiō ōrātōria* 12,9,18
[2] Ovidius *epistulæ* 17,168
[3] Cicerō *epistulæ ad familiārēs* 7,31,2
[4] Petrōnius *satyrica* 74,16

ANWENDEN

37. Schreiben Sie die Redensarten unter die entsprechenden Erläuterungen.

1. Simulant amīcitiam. _____

2. Studiōsē operam dēs oportet.

   _____

3. Neglegenter agere. _____

4. Magnam potestātem habent.

   _____

5. Inceptum ineptum. _____

38. Wem bzw. was entsprechen die folgenden „Daten"?

25007 = *Christī nātālis / speculātor Anglicus illūstris*

1215 = _____

1152 = _____

2112 = _____

7007 = _____

3117 = _____

39. Prägen Sie sich die folgenden Verben ein.

▶ Memo-Tipp 7

1. nescīre
2. mīrārī
3. nītī
4. līberāre
5. cēnāre
6. attrahere
7. amāre
8. sitīre
9. numerāre
10. fugere
11. rapere
12. rīdēre

40. Hier nun die Beschreibung eines Tagesablaufs. Lesen Sie die Sätze und prägen Sie sich die Handlungen (ohne Details) und deren Reihenfolge ein. Passen Sie die Formen (männlich / weiblich) entsprechend Ihres Geschlechtes an.

▶ Memo-Tipp 4

Surrēxī.

Pōtiunculam bibī.

Lavātus sum.

Jentāculum sūmpsī.

Paululum Latīnitātī studuī.

Domō abīvī.

Domum redīvī hōrā circiter quārtā post merīdiem.

Cēnāvī.

Cubitum īvī.

ANWENDEN

39. Ohne zunächst weiterzulesen, versuchen Sie, die Verben mündlich zu wiederholen. Wie viele konnten Sie sich merken?

Versuchen Sie nun, die Verben mit Hilfe der folgenden Eselsbrücke zu wiederholen. Die Anfangsbuchstaben der Verben bilden den folgenden Satz.

NEMINI   LICEAT   ASINUM   FURARI.

_____

_____

_____

40. Rekonstruieren Sie die Handlungen des Tagesablaufs, allerdings in umgekehrter Reihenfolge. Folgen Sie dabei dem Beispiel.

Cubitum īvī. _____

_____

_____

_____

_____

_____

41. Prägen Sie sich die folgenden Sätze mit der entsprechenden Nummerierung ein.

▶ Memo-Tipp 4

1. Senātōrēs in cūriā sedēbant.

2. Tunc Cæsar intrāvit.

3. Rōmæ quotannīs bīnī cōnsulēs creābantur.

4. Aquā frīgidā lavārī consuēvī.

5. Annō præteritō Mārcus domum vēndēbat.

6. Herī Mārcus domum vēndidit.

7. Catō dīcēbat frūctūs litterārum jūcundōs esse, rādīcēs amārās.

> **Verschnaufpause: Bevor Sie die Aufgaben lösen, gehen Sie sicher, dass Sie alle Ausdrücke verstehen.**
>
> Hōc annō ter prosperiōre āleā ūsus sum*, et quidem singulīs mēnsibus VIII litterārum. Potuitne hoc fierī?

42. Prägen Sie sich die folgenden Wörter ein. Beachten Sie besonders deren Silben; vielleicht entdecken Sie dabei einen Trick, mit dem Sie sich die Wörter leichter merken können.

▶ Memo-Tipp 7

salūs – nisi – bonum – mēnsis – bibō – canis – rosa – musca – sibī – rēmus – nūmen – lūstrāre

*Suētōnius *Caligula* 41,2,7

ANWENDEN

41. Ergänzen Sie nun mit Hilfe der Beispielsätze der vorangegangenen Seite die Regeln zum *perfectum* und *imperfectum*. Schreiben Sie neben jede Regel die Zahl des entsprechenden Beispielsatzes.

Das lateinische Imperfekt bezeichnet eine begonnene, aber noch nicht vollendete Handlung der Vergangenheit, das Perfekt dagegen eine bereits vollendete Tätigkeit.

Das Imperfekt beschreibt daher Umstände und Ursachen (Satz _____), Gebräuche (Satz _____) und wiederholte Handlungen (Satz _____), bei denen der Aspekt einer zeitlichen Dauer zum Ausdruck kommt („was war?"). In der Form des Imperfekts *dē cōnātū* bezeichnet es versuchte Handlungen, die jedoch noch nicht zum Abschluss gebracht werden konnten (Satz _____).

Das Perfekt stellt eine vollendete Handlung dar (Satz _____). Als präsentisches Perfekt (*perfectum praesēns*) beschreibt es eine Handlung mit fortdauernder Wirkung (Satz _____). Das historische Perfekt (*perfectum historicum*) bezeichnet ein neu eintretendes Ereignis, das eine Erzählung vorantreibt („was geschah dann?") (Satz _____).

Merke: *Perfectō prōcēdit, imperfectō īnsistit ōrātiō.*

42. Haben Sie den Domino-Trick entdeckt? Die letzte Silbe eines Wortes stimmt mit dem Anfang eines anderen Wortes überein. Wiederholen Sie die Wörter auf diese Weise, indem Sie mit „rosa" beginnen.

_____

_____

_____

43. Prägen Sie sich die folgenden Zahlen ein.

▶ Memo-Tipp 3F

2212	3009	2410	1208
1411	2807	2001	2102

> **Verschnaufpause:** Welches ist die größte vierstellige Zahl, die aus jeweils verschiedenen Ziffern gebildet werden kann?
>
> _____

44. Prägen Sie sich die folgenden Verben ein, blättern Sie dann auf die nächste Seite.

▶ Memo-Tipp 3G

cernere	odōrārī	palpāre	mulcēre
sentīre	spectāre	auscultāre	vidēre
tangere	gūstāre		

Prägen Sie sich auch die folgenden Adjektive ein und blättern Sie dann noch einmal um.

▶ Memo-Tipp 3G

exsurdāns	amārus	asper	trānslūcidus
calidus	mollis	lēvis	clarus
dulcis	viridis	īnsulsus	fœtidus

ANWENDEN

43. Die Zahlen der vorangegangenen Seite stellen Geburtstage dar. Ergänzen Sie den folgenden Text mit diesen Geburtstagen (Tag und Monat) in chronologischer Reihenfolge.

Mārcī diēs natālis agitur _diē XX mēnsis Jānuāriī_ , Juliæ,

_____ , Catharīnæ _____ ,

Gaiī _____ , Sophiæ _____ ,

Lūciæ _____ , Lȳdiæ _____ ,

Philippī _____ .

44. Ordnen Sie die Verben den fünf Sinnen zu. Blättern Sie dann für Teil 2 der Übung noch einmal zurück.

vīsus: _____

audītus: _____

gūstus: _____

tāctus: _____

olfactus: _____

Welches Verb kommt mehrmals vor? _____

Ergänzen Sie die Auflistung mit den Adjektiven.

MERKEN 67

45. Konzentrieren Sie sich auf jede einzelne Zeile, prägen Sie sich die Wörter bzw. Zeichnungen ein, indem Sie sie laut wiederholen. Blättern Sie dann um und lesen Sie die weiteren Anweisungen für jede der Zeilen.

▶ Memo-Tipp 3E

1.  – tapēte – – gunna –

2. glaciēs – petasus – cingulum – cáligæ – amiculum

3.

4. thōrāx lāneus – cēnātiō – tunica – cubiculum – mænriānum

5. sōl – vestis balneāris – súbligar – tibiālia – lacerna

46. Prägen Sie sich folgende Verben in Dreiergruppen mitsamt der Nummerierung ein.

▶ Memo-Tipp 3A + 4

1. objicere, aperīre, claudere

2. lavāre, siccāre, frangere

3. occlūdere, reserāre, exhaurīre

4. implēre, aperīre, vacuēfacere

5. percurrere, legere, conterere

45. Lesen Sie nun Frage für Frage und decken Sie die noch nicht bearbeiten Fragen ab. Die Nummerierung der Fragen entspricht den Zeilen der Vorgängerseite.

1. Quot vestīmenta sunt? _____

2. Quod verbum in mediō est? _____

3. Quæ imāgō dēest? _____

4. Quæ verba locum mūtāvērunt?

   mæniānum – cēnātiō – tunica – cubiculum – thōrāx lāneus

5. Cōnservantne hæc verba ōrdinem?

   sōl – vestis balneāris – súbligar – tibiālia – lacerna

46. Welcher Begriff passt zu welcher Gruppe von Verben? Ergänzen Sie mit der entsprechenden Nummer.

lagœna _____   arca _____   pōculum _____

forēs _____   liber _____

MERKEN 69

47. Betrachten Sie aufmerksam die folgende Zeichnung.

▶ Memo-Tipp
3E + 8

48. Konzentrieren Sie sich auf die folgenden Wörter und deren Position.

▶ Memo-Tipp
3A + 8

47. Antworten Sie mit „vērum" oder „falsum".

♂ ille ...   vērum   falsum
1. brācīs indūtus est.   ☐   ☐
2. tunicam gerit.   ☐   ☐
3. cingulō cīnctus est.   ☐   ☐
4. petasum gestat.   ☐   ☐

♀ illa ...
5. pallā amicta est.   ☐   ☐
6. monīlī ōrnātur.   ☐   ☐
7. calceīs indūta est.   ☐   ☐
8. crumēnam gestat.   ☐   ☐

48. Welche Wörter wurden verschoben oder gelöscht?

calceus   toga   pallium
caliga   pænula   tunica
bracæ
stola   lacerna
soleæ

Wo trägt man die meisten dieser Kleidungsstücke?

_____

MERKEN 71

49. Lesen Sie die folgenden Sätze und konzentrieren Sie sich vor allem auf die Namen und die dazugehörigen Gegenstände.

▶ Memo-Tipp 3E + 4

Sarcinās colligit inque cistam impōnit ...

... Robertus cáligās, baculum, campestre.

... Mārcus cothurnōs nartātōriōs et nartās et traham.

... Hadriānus ámphoram āeris compressī, sýnthesin ūrīnātōriam, perspicillum ūrīnātōrium pinnāsque.

... Jūlia umbellam, vestem balneāriam unguentumque sōlāre.

... Philippus perspicillum, perspicillum ad lēctum aptum, auscultōrium, dentēs falsōs.

50. Lesen Sie die folgende Buchstabenreihe laut vor. Darin finden sich einige „richtige" Wörter, aber auch ein paar Buchstaben, die dort nichts zu suchen haben. Prägen Sie sich die „richtigen" Wörter ein.

▶ Memo-Tipp 3A + 6

VESTIBULUMGAJANUANCUBICULUMCOT

RICLINIUMATRIUMINEPAVIMENTUMAR

LECTUSNBATABULATUMSILATRINAFGET

ECTUMAULMÆNIANUMVEBALNEUM

ANWENDEN

49. Erinnern Sie sich an die Namen?

Quod nōmen est…

1. … cultōri artis gymnicæ hībernæ? _____
2. … amātōrī litoris? _____
3. … āthlētæ? _____
4. … ūrīnātōrī? _____
5. … rude dōnātō? _____

> **Verschnaufpause:** Versuchen Sie den folgenden lateinischen Zungenbrecher laut und im Rhythmus (Hexameter) zu lesen.
>
> Ó Tite túte Tatí tibi tánta tyránne tulístī.*

50. An welche Wörter erinnern Sie sich? Und unter welchem Oberbegriff lassen sich diese einordnen?

_____

_____

_____

_____

---

*Ennius *annālēs* 1,104: O Titus Tatius (*legendärer König der Frühzeit Roms*), so Großes hast Du Dir, Tyrann, angetan.

51. Prägen Sie sich die folgenden Wörter in der angegebenen Reihenfolge ein.

▶ Memo-Tipp
3A + 3E

1. īnsula → 2. scālæ → 3. mūsēum →

4. habitātiō → 5. doliārium → 6. páriēs →

7. balneum → 8. synœcium → 9. domus →

10. anábathrum → 11. ātrium

Verschnaufpause: Lösen Sie die folgende „Gleichung" nach X auf.

focus : cóquere = cúlcita : X → X = _____

---

52. Es folgt die Beschreibung einer Wohnung. Bilden Sie die Wohnung mental ab.

▶ Memo-Tipp
3A + 3E

cubiculum: lectus conjugālis, II cervīcālia, armārium

culīna: frīgidārium[1], focus, II fenestræ, māchina ēlūtōria

synœcium: tēlevīsōrium, mēnsa, IV sellæ, lampas, sponda

balneum: lābellum, lavābrum, māchina lavātōria, manūtergium

ātrium: armārium

cella: haustrum pulveris[2], scōpæ

[1] Lūcīlius *saturæ* 317   [2] Ovidius *metamorphōsēs* 9,35; 14,136

ANWENDEN

51. Versuchen Sie nun, die Reihenfolge der Wörter in dem folgenden Schema nachzuverfolgen. Beginnen Sie oben links und enden Sie unten rechts. Schreiben Sie hinter jedes Wort die entsprechende Nummer. Das jeweils folgende Wort kann im Umkreis aller benachbarten Felder stehen. Aber Vorsicht: Jedes Kästchen kann nur einmal verwendet werden.

insula	scālæ	habitātiō	synœcium	domus	ātrium
scālæ	balneum	mūsēum	balneum	balneum	domus
mūsēum	doliārium	habitātiō	synœcium	páriēs	synœcium
páriēs	synœcium	balneum	doliārium	anábathrum	domus
doliārium	scālæ	páriēs	páriēs	anábathrum	synœcium
ātrium	mūsēum	ātrium	domus	doliārium	ātrium

52. Beantworten Sie die folgenden Fragen.

1. Quot armāria habitātiōnī īnsunt? _____

2. Quot māchinæ ēlectricæ? _____

3. Suntne lavābrum an mammāta* in balneō? _____

4. Estne habitātiōnī ātrium? _____

5. Suntne culīnæ III fenestræ? _____

*Plīnius *nātūrālis historia* 35,159,5

MERKEN

53. Die folgende Aufgabe testet Ihre Beobachtungsgabe. Lesen Sie aufmerksam die Sätze und versuchen Sie, die Verbindung zwischen den Personen und den jeweiligen Verkehrsmitteln zu verstehen.

▶ Memo-Tipp 8

Petrus pedibus aut plaustrō it.

Norbertus sæpe nāvibus vehitur.

Chrīstiāna tantum currū suō vehitur.

Eduardus equō īre māvult.

Lūcia lembō aut lintre vehī amat.

> **Verschnaufpause: Versuchen Sie die folgende Frage innerhalb von 20 Sekunden zu lösen.**
>
> Quot rotæ habent decem currūs, quīnque pabōnēs et trēs rædæ?
>
> _____

54. Merken Sie sich die Sätze. Vielleicht hilft es Ihnen die typischen Bewegungen nachzumachen.

▶ Memo-Tipp 3D

Quæ famēs!	Quæ sitis!	Quī somnus!	Quod frīgus!
Quī calor!	Quæ nausea!	Quī ventus!	Quam sērō!
Quī imber!	Quod tædium!		

ANWENDEN

53. Haben Sie die Verbindung entdeckt? Dann geben Sie an, welche Verkehrsmittel die folgenden Personen nutzen könnten.

Paula _____

Sabīna _____

Victor _____

Erfinden Sie noch weitere Kombinationen aus Vornamen und Verkehrsmittel.

_____

_____

54. Schreiben Sie die Sätze neben den jeweils passenden Gegenstand.

hiems → _____ madidus → _____

lectus → _____ ōscitāre → _____

pōculum → _____ hōrologium → _____

sōl → _____ fōcāle → _____

pānis → _____ capillus in → _____
                                        jūsculō

MERKEN

55. Prägen Sie sich die folgenden Adjektive und ganz besonders auch deren Position ein.

▶ Memo-Tipp 3A + 8

altus	tenuis	imbēcillus
urbānus	bellōsus	propinquus
angustus	neglegēns	dēfōrmis
brevis	stultus	parvus

> **Verschnaufpause:**
> **Verbinden Sie die folgenden neun Punkte mit lediglich 4 geraden Linien.**
>
> •   •   •
>
> •   •   •
>
> •   •   •

56. Merken Sie sich die folgenden Adjektive, die für Charakterbeschreibungen von Personen nützlich sind. Um sich die Adjektive besser einzuprägen, können Sie bei jedem Wort an Personen aus Ihrem Freundes- und Bekanntenkreis denken.

▶ Memo-Tipp 3A + 3E

blandus	loquāx	dominandī cúpidus	āctīvus
æmulus	largus	vehemēns	strēnuus
vānus	cúpidus	sociābilis	tenāx

ANWENDEN

55. Fügen Sie die folgenden Gegenteile entsprechend der Positionen auf der vorangegangenen Seite ein.

attentus	humilis	pulcher	lātus
validus	remōtus	magnus	pinguis
prūdēns	longus	placidus	inurbānus

_____ _____ _____

_____ _____ _____

_____ _____ _____

_____ _____ _____

56. Bringen Sie nun die Adjektive mit Personen aus Ihrem Freundes- und Bekanntenkreis oder mit Prominenten in Verbindung. Versuchen Sie, sowohl männliche, als auch weibliche Namen sowie Pluralformen zu verwenden.

Jūlius āctīvus est, Tullia _____ .

Mārcia et Ūdalrīcus _____

_____

_____

_____

MERKEN

57. Prägen Sie sich die folgenden Adjektive ein.

▶ Memo-Tipp 3A + 4

cōnstāns – incōnstāns   parātus – imparātus

lēgítimus – illēgítimus   ratiōnālis – irratiōnālis

pār – dispār   mātūrus – immātūrus

litterātus – illitterātus   decōrus – dēdecōrus

58. In diesem Reimspiel sollen Sie sich unter Verwendung von Ortsnamen Reime ausdenken. Jede Strophe beginnt dabei mit „Iter fēcī, petīvī". Orientieren Sie sich am angegebenen Beispiel und erfinden Sie neue Reime. Die Reime müssen keinen Sinn ergeben, lassen Sie Ihrer Fantasie freien Lauf!

▶ Memo-Tipp 3C + 6

Iter fēcī, petīvī Bērōlīnum,
ubī nihil bibī nisi bonum vīnum.

Iter fēcī, petīvī Rōmam,

ubī _____ .

Iter fēcī, petīvī Lūtētiam,

ubī _____ .

Iter fēcī, petīvī Athēnās,

ubī _____ .

ANWENDEN

57. Ergänzen Sie mit der passenden negativen Vorsilbe.

litterātus _____   pār _____

cōnstāns _____   ratiōnālis _____

mātūrus _____   parātus _____

lēgítimus _____   decōrus _____

> **Verschnaufpause: Welches ist die kleinste vierstellige Zahl, die man von links nach rechts und von rechts nach links lesen kann?**
>
> _____

58. Mit welchen lateinischen Ortsnamen* könnten sich die folgenden Wörter reimen?

pōma / _____   imperium / _____

facētia / _____   obsōnium / _____

triclīnium / _____   perītum / _____

cēnæ / _____   hūmānum / _____

---

*Zu lateinischen Ortsnamen siehe z.B. Grässe 1909, online unter:
http://www.columbia.edu/acis/ets/Graesse/contents.html

59. Prägen Sie sich die folgenden Buchstaben ein.

▶ Memo-Tipp 7

FI – OR – N – VU – TRU – TE – RI

> **Verschnaufpause: Vervollständigen Sie mit der fehlenden Zahl.**
>
> 2 → 2
> 8 → 16
> 100 → 300
> 20 → 80
> 300 → ?
>
> ? = _____

60. Finden Sie den Begriff, der sinngemäß nicht in die jeweilige Wortreihe passt und prägen Sie sich ihn ein.

▶ Memo-Tipp 3A

1. pater – parentēs – māter – coāctor

2. fīlia – gnārus – neptis – nepōs

3. tībīcen – uxor – spōnsa – marītus

4. avunculus – patruus – ōrātor – mātertera

ANWENDEN

59. Wenn Sie bei den folgenden Wortfragmenten die richtigen der eingeprägten Buchstaben ein- bzw. hinzufügen, erhalten Sie neue Wörter mit einer anderen Bedeutung. Thema der neuen Wörter ist „Familie".

anculus → _____   as   → _____

lia   → _____   martera → _____

epos   → _____   ux   → _____

sor   → _____   paus   → _____

matus   → _____   par   → _____

60. Schreiben Sie die Wörter, die nicht in die jeweilige Reihe gepasst haben, nacheinander auf. Schreiben Sie dann die Buchstaben der Anfangssilben in die Kästchen daneben. Nacheinander gelesen ergeben die Silben den Oberbegriff für die restlichen Wörter der vorangegangenen Seite.

1. _____ → ☐ ☐

2. _____ → ☐ ☐ ☐

3. _____ → ☐ ☐

4. _____ → ☐

Lösung: ☐ ☐ ☐ ☐ ☐ ☐ ☐ ☐

MERKEN 83

61. Prägen Sie sich die folgenden Wörter ein und achten Sie dabei besonders auf deren Genus (maskulin oder feminin). ▶ Memo-Tipp 3A

viduus	cælebs	marītus	virgō nūbilis
uxor	vidua	spōnsa	repudiāta
pælex	concubīnus		

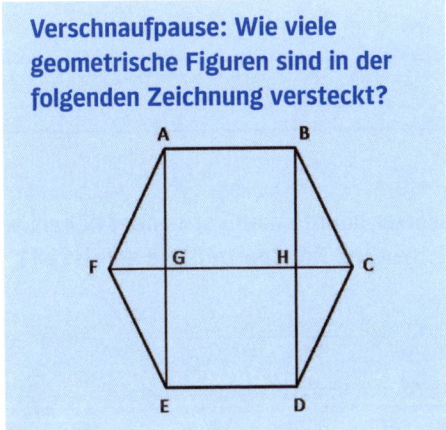

Verschnaufpause: Wie viele geometrische Figuren sind in der folgenden Zeichnung versteckt?

62. Prägen Sie sich die folgenden Wörter ein. Sie mögen auf den ersten Blick ungewöhnlich sein, sind aber zum Verstehen älterer Reisebeschreibungen sehr nützlich. ▶ Memo-Tipp 3A + 3E

appulsus – ephippium – rædarius – virga – portus –

sufflāmen – vēlum – calcāria – portōrium – habēna –

nauarchus – axungia

ANWENDEN

61. Welche Wörter können sich nur auf einen Mann (♂) beziehen? Welche nur auf eine Frau (♀)?

♂ _____

_____

_____

♀ _____

_____

_____

62. Welche Wörter könnte man verwendet haben, wenn man mit den folgenden Transportmitteln gereist ist?

equō: _____

_____

rædā: _____

_____

nāve: _____

_____

Merke: Mit einem Pferd, Latein und Geld kommt man um die ganze Welt.

63. Prägen Sie sich die folgenden Wörter ein.

▶ Memo-Tipp
3A + 3E

grandō	nix	pluvia	tonitrus	ventus
nūbēs	sōl	nebula	calidus	frīgidus

Verschnaufpause:
Fügen Sie die Zahlen 1 bis 6 so in das Dreieck ein, dass sich auf jeder der drei Seiten die gleiche Summe ergibt.

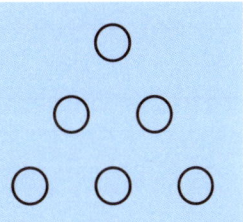

64. Prägen Sie sich die Ausdrücke des folgenden Wetterberichts ein. Die Reihenfolge ist wichtig.

▶ Memo-Tipp
3E + 4

Prædictiō cælī

hodiē:	nebula mātūtīnō tempore oriētur
crās:	omnī diē cælum nūbilō gravābitur*
Mārtis diē:	mediócriter nūbilum erit cælum
Mercuriī diē:	pluviæ vel tempestātēs coorientur
Jovis diē:	calōrēs surgent
Veneris diē:	cælum serēnum vel leviter nebulōsum erit
Saturnī diē:	pluviæ repentīnæ īnstābunt

*Seneca *suāsōriæ* 3,1,8

ANWENDEN

63. Verwandeln Sie mit Hilfe der unten stehenden Angaben die Wörter der vorangegangenen Seite in einen Satz.

Călidum _____ est cælum.

_____ est cælum.

_____ est cælum.

_____ est cælum.

_____ splendet.

_____ flat.

Tŏnat. _____

_____

_____

_____

64. An welchen Tagen wird das Wetter schön sein und an welchen nicht? Vervollständigen Sie die ersten beiden Zeilen und beantworten Sie dann die Frage nach dem Wochentag.

cælum serēnum: _____

tempestās fœda: _____

Quis diēs* hodiē est? _____

*Mit „quī diēs?" würde man nach dem Zustand des heutigen Tages fragen, mit „quis diēs" fragt man nach dem Wochentag.

65. Prägen Sie sich Bild, Schriftzug und Nummerierung ein.

▶ Memo-Tipp 3E

1. Vehiculum sistere vetātur!
2. Vehiculīs intróitus vetātur!
3. Trānsitus vetātur!

4. Nē fūmāveris!
5. Nōlī hāc exīre.

66. Prägen Sie sich die folgenden Sätze ein. Vielleicht hilft es Ihnen, sich die möglichen Situationen oder Verbotsschilder vorzustellen.

▶ Memo-Tipp 3E + 4

1. Nōlī currum ad portam sistere.

2. Hortum trānsgredī nōn licet.

3. Cavē, nē ē fenestrā præcipitēs.

4. Pilā ludere hīc nōn placet.

5. Nōlī canēs hūc intrōdūcere.

6. Fūmāre nōn licet.

65. Was ist verboten? Versehen Sie die folgenden Sätze mit den Bildnummern.

Nōlī …

exīre! → Nr. _____   fūmāre! → Nr. _____

introīre! → Nr. _____   trānsīre! → Nr. _____

sistere! → Nr. _____

Wie bildet man im Lateinischen den verneinten Imperativ? Nennen Sie alle Ihnen bekannten Möglichkeiten.

Nōlī + Infinitiv ; *Nē +* _____ ; *Nē +* _____

Nōn + _____

_____

66. Schreiben Sie die Verbote mit den entsprechenden Verbformen. Variieren Sie die Möglichkeiten entsprechend der Lösung zur vorigen Aufgabe und verwenden Sie Singular und Plural!

1. Nōlī *sistere! Nōlīte sistere!* _____ .

2. Nōn _____ .

3. Nē _____ .

4. Nē _____ .

5. Nē _____ .

6. Nē _____ .

MERKEN 89

67. Lesen Sie die folgenden Ausdrücke und achten Sie dabei besonders auf die „Unbekannten" A, X, Y und Z.

▶ Memo-Tipp 4

in **X** sē collocāre – **X** quærere – **X** facere – **X** manuum

Y fāmiliārēs – **Y** mūtuam dare – **Y** ērogāre – **Y** facere

Z exercēre – **Z** medendī – **Z** līberālēs – **Z** discere

A alicujus prōcūrāre – **A** gerere – **A** habēre – **A** pūblica

68. Suchen Sie im Buchstabengitter 13 Wörter (Substantive und Verben), die dem Bereich „Arbeit" entstammen. Die Wörter sind waagrecht (von rechts oder von links), senkrecht (von oben oder von unten) und diagonal versteckt. Prägen Sie sich die gefundenen Wörter ein.

▶ Memo-Tipp 3A + 6

P	E	R	E	C	A	F		S	E
L	I	R	E	R	E	M	P	U	A
M	A	C	O		U	E		I	M
U	R	B	N	P	N	I	R	R	O
I	T	A	O	S	U	T	M	A	L
T	I	O	U	R	S	S	E	R	I
O	F	M	R	U	A	N	R	E	R
G	E	O	D	I	N	R	C	P	I
E	X	N	O		T	L	E	O	E
N	I	R	E	B	A	F	S		T

67. Ersetzen Sie die „Unbekannten" X, Y, Z und A jeweils mit dem passenden Wort.

X = _____   Y = _____

Z = _____   A = _____

> **Verschnaufpause:** Schreiben Sie sechs Mal die Ziffer 1 und fügen Sie ein Rechenzeichen dazwischen (immer dasselbe). Das Endergebnis muss 15 lauten.
>
> _____ = 15

68. Welche Wörter haben Sie gefunden?

_____

_____

_____

_____

Überprüfen Sie Ihre Angaben mit der Lösung und kehren Sie dann wieder zu dem Buchstabengitter auf der vorangegangenen Seite zurück. Die nicht verwendeten Buchstaben bilden einen lateinischen Spruch, der auch bei uns oft verwendet wird.

_____

MERKEN 91

69. Prägen Sie sich die Namen der römischen Kaiser in der angegebenen chronologischen Reihenfolge ein.

▶ Memo-Tipp 3A

Augustus	Tĭbĕrius	Călĭgula	Claudius	Nĕrō
Galba	Ŏthō	Vĭtellius	Vespasiānus	Tĭtus

70. Prägen Sie sich die Beschriftung der Tafeln ein.

▶ Memo-Tipp 3E + 4

ANWENDEN

69. Haben Sie sich die Kaiser gemerkt? Wenn Sie die Ihnen bekannten Namen hier unten der Reihenfolge nach aufschreiben, erhalten Sie – nacheinander gelesen – den Gentil- (graue Felder) und Beinamen (blaue Felder) des berühmtesten römischen Redners.

```
☐☐☐☐☐☐▦☐    T☐☐☐R☐▦☐
▦☐☐☐▦G☐☐☐    ▦☐A☐☐☐☐S
☐☐☐☐  ☐☐☐▦A    ▦☐H☐
V▦☐EL☐☐☐☐    V☐☐P☐☐☐A☐▦☐
☐☐T☐▦
```

Lösung: _____

70. Wo können Sie die folgenden Gegenstände einkaufen?

Falernum – mullus – brassica – pira – aurāta – calceī –

frāga – fabæ – garum – Cæcubum – cáligæ – lentēs

taberna sūtrīna   _____

_____   _____

_____   _____

_____   _____

_____   _____

71. Prägen Sie sich den Sinn der folgenden Sätze und deren Nummerierung ein.

▶ Memo-Tipp 4

Cum adulēscēns essem ... 1. legere mihī nōn placēbat.

2. multum dormiēbam.

3. multīs fēstīs intereram.

4. puerōs puellāsque amābam.

5. acūtissimī audītūs eram.

6. sorte meā minimē contentus eram.

7. mare adīre solēbam.

8. multa concupiēbam.

9. scholam ōdīveram.

72. Konzentrieren Sie sich auf die Verben in den Vergangenheitszeiten.

▶ Memo-Tipp 4

Herī, cum forum peterem, neptim cum mātre ejus convēnī. Neptis stābat in viā, crūstulum in manū tenēbat et contenta trānquillaque rīdēbat. Statim canis quidam appāruit et subitō ei crūstulum ēripuit. Tullia, cui frūstulum tantum remanēbat, plōrāre cœpit cum canis, paulum āmōtus, placidus crūstulum gūstābat.

71. Nun ist alles anders. Schreiben Sie die den vorangegangenen Aussagen sinngemäß jeweils entsprechende Nummerierung neben die Sätze.

Hodiē autem ... īnsomniīs fatīgor. _____

surdaster sum. _____

eōs ultrā tolerāre non possum. _____

strepitum et tumultum ōdī. _____

montēs tantum mihī placent. _____

tenerā memoriā ejus afficior. _____

ætātem inter ācta diurna, fābulās et carmina dēgō. _____

meā sorte contentus vivō. _____

Num male senēscam? Immō vērō. Hodiē

omnia cōnsecūtus sum. _____

72. Tragen Sie die Verben der Erzählung ein.

imperfectum:

_____

perfectum:

_____

73. Betrachten Sie aufmerksam die Zeichnungen und die dazugehörigen Namen.

▶ Memo-Tipp 3E

Paula   Mărius   Clāra

Lūcius   Lūcia   Flāvia

Mārcus   Gaius

74. Prägen Sie sich den folgenden Satz ein.

▶ Memo-Tipp 3D

Pausam faciō: ambulō, cantō, quemquam appellō, sībilō, membra porrigō, ōscitō, crūstulum lambō, corpus extendō, relaxō.

73. Beantworten Sie die Fragen.

1. Quis dormit? _____

2. Quis ambulat? _____

3. Quis legit? _____

4. Quis tībiā canit? _____

5. Quis cómedit? _____

6. Quis pingit? _____

7. Quis bibit? _____

8. Quis spectāculum spectat? _____

> **Verschnaufpause: Zeichnen Sie eine Blume, die zur logischen Reihenfolge der anderen Blumen passt.**
>
>

74. Stehen Sie nun auf und machen Sie wirklich eine Pause. Wiederholen Sie laut den Satz und machen Sie die Tätigkeiten nach. Und wenn Ihnen der Sinn noch nach anderen Pausenaktivitäten steht, machen Sie natürlich auch diese.

MERKEN 97

75. Merken Sie sich die folgenden Buchstaben. Helfen Sie sich dabei mit einer Eselsbrücke.

▶ Memo-Tipp 6 + 7

US CA IS LE RA LU ER LP

> **Verschnaufpause: Versuchen Sie den folgenden lateinischen Zungenbrecher laut und ohne zu „stolpern" zu lesen.**
>
> In marī merī mīrī morī mūrī necesse est.

76. Lesen Sie aufmerksam und prägen Sie sich die Details ein.

▶ Memo-Tipp 3E + 4

1. Septem annōs nāta sum sīcut Clāra, domina mea. Nōmen mihī Nivea est et alba sum. Blandissima sum et multum tempus cum Clārā agō. Cum fēlīx sum clāmō „nau, nau". In lectō cubāre dīligō.

2. Fīdus nōminor. Āter sum. Quattuor annōs nātus sum et quaternī in singulīs pedibus unguēs mihī sunt. Cum dominō meō in hāc domō habitō quam dīligenter cūstōdiō. Noctū forīs in casā meā dormiō.

3. Cárolus vocor. Ruber sum et vīvārium inhabitō. Numquam loquor. Ūnusquisque vīcīnōrum mē dīligit sed Nivea mihī inimīca est.

ANWENDEN

75. Verwenden Sie die Buchstaben, um die folgenden Tiernamen zu vervollständigen.

vac☐   gal☐s   ☐nis   ☐na

s☐pēns   ov☐   equ☐   ☐pus

pisc☐   ta☐a   ☐ō   pass☐

ap☐   vu☐ēs   fē☐s   urs☐

mūs☐   cap☐   ☐pus   c☐vus

76. Beantworten Sie die Fragen.

1. Quālia sunt animālia quæ interrogantur et quæ sunt eōrum nōmina?

   _____

2. Ubī habitant? _____

3. Cujus colōris sunt? _____

4. Quis est Clāra et quot annōs nāta est?

   _____

5. Duo animālia in eādem domō dormiunt. Quæ? _____

   _____

MERKEN

77. Prägen Sie sich die folgenden Wörter ein, die keinen erkennbaren Zusammenhang aufweisen. Nutzen Sie dazu Ihre Fantasie, indem Sie z. B. eine Geschichte ausdenken, die die Wörter verbindet.

▶ Memo-Tipp 5

magister	nātūra	ortus	imperium
auxilium	orbis	studium	præfectus

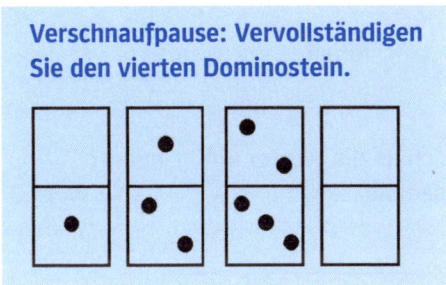

Verschnaufpause: Vervollständigen Sie den vierten Dominostein.

78. Prägen Sie sich die folgenden Wörter ein. Sie ergeben auch ohne die Zusätze in Klammern einen Sinn. Die Wörter in den Klammern erläutern jedoch den Verwendungskontext.

▶ Memo-Tipp 4

cāsus (adversus)

concursus (exercítuum)

(incendiōrum) damna

procella (equestris)

vulnerātiō (nervōrum)

intcritus (urbis)

signa (mīlitāria)

77. Die Wörter der vorangegangenen Seite sind allesamt Teile zusammengesetzter Ausdrücke. Versuchen Sie nun, die eingeprägten Wörter mit den unten stehenden Wörtern zu verbinden (Mehrfachnennungen sind möglich).

lūdī _____   _____ urbis   _____ terrārum

_____ nāvium   _____ marítimum   _____ ēloquentiæ

_____ prætōriī   sōlis _____   _____ ferre

summum _____   rērum _____

78. Erinnern Sie sich an die Wörter in Klammern? Vervollständigen Sie.

damna _____

interitus _____

signa _____

cāsus _____

vulnerātiō _____

concursus _____

procella _____

MERKEN 101

79. Betrachten Sie die folgenden Gegenstände, sprechen Sie deren Bezeichnungen mehrmals laut und prägen Sie sich die Wörter ein.

▶ Memo-Tipp 3E

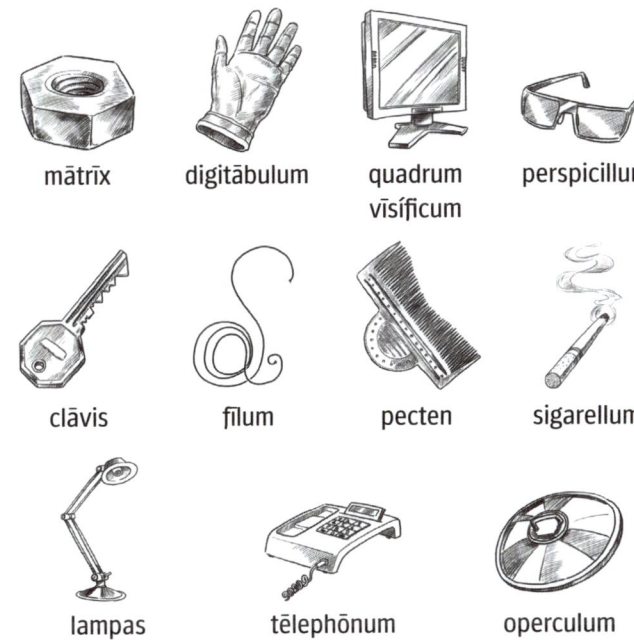

mātrīx   digitābulum   quadrum vīsíficum   perspicillum

clāvis   fīlum   pecten   sigarellum

lampas   tēlephōnum   operculum

80. Prägen Sie sich die folgende Liste mit Haushaltsgegenständen ein.

▶ Memo-Tipp 3A + 3E

malleus	māchina mixtōria	scōpæ
acus	forfex	frīgidārium[1]
discophōnum	focus	haustrum pulveris
	cīsōrium[2]	

[1]Lūcīlius *saturæ* 317   [2]Vegetius *ars veterīnāria sīve mūlomedicīna* 3,22,1

79. Die Gegenstände auf der vorangegangenen Seite lassen sich nicht ohne die folgenden Dinge verwenden. Finden Sie die entsprechenden Gegenstandspaare mit Hilfe der angegebenen Wörter. Schreiben Sie unter die jeweilige Zeichnung das entsprechende Begriffspaar.

> nāsus • rāmentum sulphurātum[1] • claustrum •
> lūmen ēlectricum • exceptāculum[2] • cōma • manus • ōlla •
> computātōrium[3] • acus • ~~cochlea~~[4]

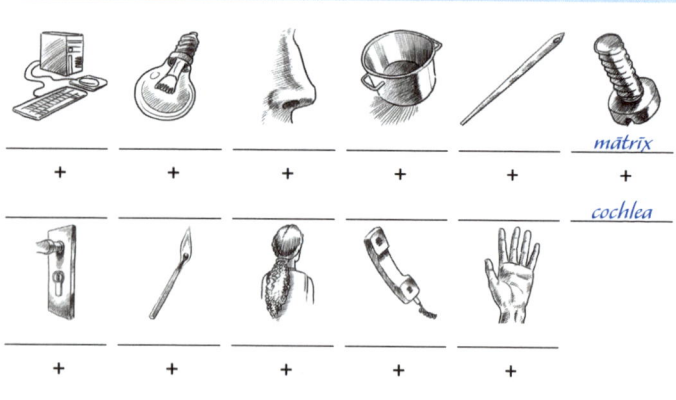

mātrīx

+ + + + + +

cochlea

_____ _____ _____ _____ _____

+ + + + +

_____ _____ _____ _____ _____

80. Was ist heute alles zu tun und mit welchen Gegenständen?

1. cāseum comedere: _____

2. cibōs congelāre: _____

3. barbam metere: _____

4. suere: _____

5. pulverem haurīre: _____

6. sūcum bibere: _____

7. clāvum fīgere: _____

8. mūsicam auscultāre: _____

9. coquere: _____

10. dēverrere: _____

[1]Mārtiālis *epigrammatōn librī XIV* 10,3
[3]Seneca *epistulæ mōrālēs ad Lūcīlium* 87,5
[2]Tertulliānus *dē spectāculīs* 2,10
[4]Vitrūvius *dē architectūrā* 6,6,3

MERKEN 103

81. Eine geheimnisvolle Schatzkarte erwartet Sie auf der folgenden Seite. Statt aus Buchstaben besteht der Text nur aus Zahlen (jede Zahl entspricht einem Buchstaben).
Entschlüsselt wurden bisher lediglich 8 Buchstaben. Prägen Sie sich diese zusammen mit der entsprechenden Ziffer ein.

▶ Memo-Tipp 3F + 6

1 = S   2 = N   3 = T   4 = E

5 = V   6 = R   7 = U   8 = H

> Verschnaufpause: Das „magische Quadrat" heißt so, weil die Summe aller waagrechten, senkrechten und diagonalen Zahlen immer identisch ist. Vervollständigen Sie es.
>
> | 6 | | 8 |
> |---|---|---|
> | | 5 | |
> | 2 | | 4 |

82. Prägen Sie sich die folgenden Wörter ein.
Die Reihenfolge ist wichtig.

▶ Memo-Tipp 3A

1. fēstus   2. lætitia   3. December

4. cantus   5. honor   6. missa

7. lūx

104 ANWENDEN

81. Entschlüsseln Sie mithilfe der Kenntnisse von der vorangegangenen Seite nun den restlichen Text.

5 14 1 2 4 – 3 8 4 1 18 7 6 7 17 – 6 4 15 4 6 14 6 4? –

15 6 19 20 4 25 4 – 19 20 3 19 – 15 18 1 1 7 1 –

18 25 – 1 4 15 3 4 2 3 6 14 19 2 4 1 – 5 4 6 1 7 1 –

18 – 1 18 16 19 – 14 2 20 14 15 14 4 2 1, – 23 7 19 25 –

26 19 6 17 18 17 – 20 18 10 5 18 4 – 15 6 18 4 12 4 3. –

15 4 6 22 4 – 3 6 14 22 14 2 3 18 – 15 18 1 1 7 1 –

14 2 – 19 6 14 4 2 3 4 17 – 4 3 – 1 20 6 19 12 4 17 –

4 26 26 19 25 4. – 1 7 12 – 3 4 6 6 18 17 – 18 6 20 18 17 –

2 7 17 17 19 6 7 17 – 18 7 6 4 19 6 7 17 – 15 10 4 2 18 17 –

14 2 5 4 2 14 4 1.

82. Notieren Sie nun folgende Buchstaben („W" + Zahl bezeichnet das jeweilige Wort, „B" + Zahl den entsprechenden Buchstaben des Wortes). Lösen Sie æ in ae auf.

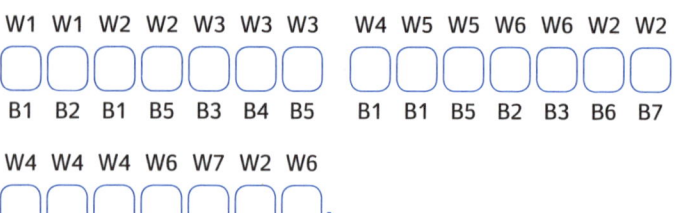

83. Prägen Sie sich die Sätze ein. Es handelt sich um Zukunftsüberlegungen „unserer Vorfahren".

▶ Memo-Tipp
3E + 4

Quis scit num pronepōtēs nostrī ...

1. ... etiam igne ūsūrī sint ad calefaciendum.

2. ... etiam pedibus itūrī sint.

3. ... etiam in spēluncīs dormītūrī sint.

4. ... etiam fūstibus pugnātūrī sint.

5. ... etiam animālium pellēs indūtūrī sint.

6. ... etiam vēnātūrī sint ut sibī cibum cómparent.

84. Lesen Sie die Sätze laut vor. Wiederholen Sie sie dann mit geschlossenen Augen „rückwärts" nach dem unten angegebenen Schema. Prägen Sie sich dabei auch die Reihenfolge der Sätze ein.

▶ Memo-Tipp 4

Beispiel:
Crās mare petam.
petam – mare petam – Crās mare petam.

1. Sērius adveniam ut soleō.

2. Manēbisne crās in officīnā ad multum diem?

3. Hodiē vesperī mihī dīcet quid factūrus sit.

4. Crēdō mē eōs invītātūrum esse ad pascham.

5. Semper dubitō num perīcula superātūrus sīs.

6. Eōs herī invītāvī. Venientne?

ANWENDEN

83. Auf welche Sätze beziehen sich die Zeichnungen? Schreiben Sie die entsprechenden Sätze wie im Beispiel neben die passenden Zeichnungen.

Etiamne pedibus ībunt?

_____

_____

_____

_____

_____

84. An welcher Stelle im Satz steht das Verb im Futur? Notieren Sie Position und Verb wie im Beispiel.

1. *zweites Wort (adveniam)*

2. _____

3. _____

4. _____

5. _____

6. _____

85. Prägen Sie sich die folgenden vier Wörter ein. ▶ Memo-Tipp 6

1. ESCA   2. ANIMALIA   3. HOMINES   4. VERBA

> **Verschnaufpause:**
> **Drehen Sie den Stuhl um 90 Grad, indem Sie lediglich zwei der Streichhölzer verschieben.**
>
>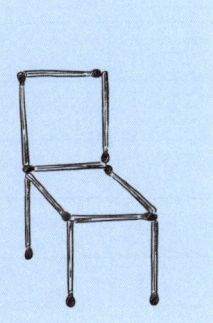

86. Ergänzen Sie die Sprichwörter und prägen Sie sie sich zusammen mit der dazugehörigen Nummer ein. Überprüfen Sie Ihre Ergänzungen dann mit den Lösungen. ▶ Memo-Tipp 3C + 4

1. Manus manum ☐☐☐☐☐.

2. Audiātur et altera ☐☐☐☐.

3. Ab ☐☐☐ usque ad māla.

4. Medicus cūrat, ☐☐☐☐☐☐ sānat.

5. Errāre ☐☐☐☐☐☐☐ est.

6. Mors certa, ☐☐☐☐ incerta.

85. Finden Sie für jeden der folgenden Anfangsbuchstaben ein Wort, das zu den vier Themenbereichen der vorangegangenen Seite passt.

	1. ___	2. ___	3. ___	4. ___
U				
P				
M				
S				
C				

86. Zu welchen Sprichwörtern gehören die folgenden Erklärungen?

☐ = a. Ab initiō ad fīnem rēs dūcitur.

☐ = b. Jūdex neutrī partī faveat.

☐ = c. Nōbīs omnibus aliquandō moriendum est.

☐ = d. Sī quid ab aliō vīs, eī invicem faciās.

☐ = e. Ars medicīna tantum nātūram adjuvāre potest.

☐ = f. Hominēs interdum falluntur.

MERKEN 109

87. Merken Sie sich die folgenden Fragen und ihre Reihenfolge. Überlegen Sie sich auch mögliche Antworten auf die Fragen. ▶ Memo-Tipp 3E + 5

1. Quid gerere potes? _____

2. Quid cadere potest? _____

3. Quid solvere potes? _____

4. Quid legere potes? _____

5. Quid agere potes? _____

88. Prägen Sie sich die folgenden Definitionen in der angegebenen Reihenfolge ein. ▶ Memo-Tipp 4

1. Arbor, qui pōma rotunda colōris rubrī et flāvī habet.

2. Bracchium exit in illam.

3. Colōrem quem senis capillī exhibent.

4. Animal lātrāns.

5. Quod superest cum ignis exstinctus sit.

6. Initiō oppositum est.

87. Kreuzen Sie die jeweils richtige Antwort an.

1. ... sed arcæ tuæ nōn inest?
   - [ ] calceōs
   - [ ] togam
   - [ ] tunicam
   - [ ] bellum

2. ... et frangitur?
   - [ ] umbra
   - [ ] verbum
   - [ ] calix
   - [ ] sōl

3. .... nummīs datīs?
   - [ ] nāvem
   - [ ] epistulam
   - [ ] ancoram
   - [ ] æs aliēnum

4. ... sine litterīs?
   - [ ] librum
   - [ ] epistulam
   - [ ] ossa
   - [ ] titulum

5. ... cum ipse nōn moveās?
   - [ ] bovem
   - [ ] currum
   - [ ] cervōs
   - [ ] vītam

88. Bei einem Metagramm verwandelt sich durch Veränderung eines Buchstabens ein Wort in ein anderes (z. B. Maus, Laus, Laut, ...). Versuchen Sie mit Hilfe der Definitionen, Wörter zu finden, die das folgende Metagramm lösen.

1. _mālus_ → 2. _____ → 3. _____ →

4. _____ → 5. _____ → 6. _finis_

89. Merken Sie sich die Verbindungen aus Farbe und Satz. Denken Sie dabei an Ihre fünf Sinne!

▶ Memo-Tipp 3E + 3G

ātrum → Quam pulcherrimum! flāvum → Quī odor suāvis!

viride → Hæc placenta dulcissima est! album → Nōnne audīs?

cæruleum → Hoc textum tam molle est!

90. Lesen Sie sich die folgenden Sätze aufmerksam durch und prägen Sie sie sich ein. Die Sätze enthalten alle eine besondere Schwierigkeit für Lerner mit deutscher Muttersprache. Versuchen Sie herauszubekommen, von welcher Schwierigkeit die Rede ist.

▶ Memo-Tipp 8

1. Archæologī in urbe quādam antīquā mœnia alta effōdērunt.

2. Cum cælum frīgidum est aquā calidā lavārī soleō.

3. Nūper in theātrō amīcum convēnī et cum eō ita garrīvī ut plaudere oblīvīscerēmur.

4. Animālia ut in foveam incidant ā vēnātōribus falluntur.

5. Librōs in mēnsā positōs legere cœpimus.

6. Rīdiculus ille senex est etsī cōmis.

89. Welche „Farbe" haben die folgenden Sätze?

1. _____ → Tintinnābulum tinnit. Īsne apertum?

2. _____ → Unde odor cibī adustī oritur?

3. _____ → Heus, hoc ācrī sapōre est!

4. _____ → Oblītusne es salis? Nihil sapit.

5. _____ → Quod cælum serēnum!

6. _____ → Corium nimis asperum est.

7. _____ → Semper ā domō abesse vidētur!

90. Haben Sie bemerkt, dass in jedem Satz ein „falscher Freund" zusammen mit seiner richtigen Übersetzung versteckt war? Schreiben Sie alle falschen Freunde wie im Beispiel angegeben auf.

antiquus = *alt* → *altus* = *hoch, tief*

_____ = _____ → _____ = _____

_____ = _____ → _____ = _____

_____ = _____ → _____ = _____

_____ = _____ → _____ = _____

_____ = _____ → _____ = _____

MERKEN 113

91. Merken Sie sich die folgenden Wörter.

▶ Memo-Tipp
3E + 6

mālō   sumitis

rapiō   nōtus

domus   nēmō

gerere   meritō

pōcula   animal

> Verschnaufpause: Stellen Sie sich vor, Sie haben ein Seil von 26 Metern Länge und schneiden davon jeden Tag zwei Meter ab. Nach wie vielen Tagen sind Sie damit fertig?
>
> Nach _____ Tagen.

92. Vervollständigen Sie die folgenden Verben mit einem Ihnen geläufigen, passenden Akkusativobjekt. Prägen Sie sich die Verben dann ein.

▶ Memo-Tipp 4

_____ dūcere   _____ mittere

_____ facere   _____ movēre

_____ agere   _____ reddere

_____ ferre   _____ tenēre

ANWENDEN

91. Die folgenden Wörter sind Anagramme derjenigen Wörter, die Sie sich gerade eingeprägt haben. D. h. die Buchstaben wurden innerhalb eines Wortes so umgestellt, dass ein neues Wort entsteht. Schreiben Sie neben jedes Anagramm das entsprechende ‚ursprüngliche' Wort aus der Liste der vorangegangenen Seite.

pariō → _____   tŏnus → _____

mola → _____   sitimus → _____

regere → _____   mētior → _____

cōpula → _____   lāmina → _____

ōmen → _____   modus → _____

92. Ergänzen Sie die folgenden Akkusativobjekte mit den Verben der vorangegangenen Seite. Achtung: Die Bedeutung der Verben kann sich im Vergleich zu den Ausdrücken, die Sie gebildet haben, verändern.

vītam _____   rīsum _____

cūram _____   animum _____

uxōrem _____   pecūniās _____

suffrāgium _____   frūctum _____

Das Lesen bzw. Leseverstehen ist eine Fähigkeit, die sich durch spezifische Übungen verbessern lässt. Im Folgenden stellen wir Ihnen ein paar Möglichkeiten vor.

1. Schneller lesen

Um in einem Text gezielt die Informationen zu entdecken, die Sie interessieren und dabei die unwichtigen Stellen zu vernachlässigen, muss man in der Lage sein, schnell zu lesen. Testen Sie sich: Nehmen Sie eine Stoppuhr (womöglich hat Ihr Mobiltelefon eine entsprechende Funktion), ein Buch oder eine Zeitung in Ihrer Muttersprache und überprüfen Sie, wie viele Wörter Sie innerhalb einer Minute lesen können (Artikel oder Konjunktionen zählen dabei nicht als eigenständige Wörter).
Wenn Sie mehr als 300 Wörter geschafft haben, sind Sie bereits ein sehr schneller Leser. Wenn Sie darunter liegen, sollten Sie nach und nach versuchen, die Geschwindigkeit beim Lesen zu erhöhen. Übung macht den Meister: Denn je mehr Sie lesen, desto schneller lesen Sie. Außerdem gewöhnt sich das Gehirn innerhalb kurzer Zeit an das schnellere Tempo beim Lesen. Es ist bei einem schnellen Lesetempo insgesamt sogar leistungsfähiger!

2. Texte „überfliegen"

Wenn man einen Text „überfliegt" – oder „quer" liest – verschafft man sich einen ersten Überblick. Die Beherrschung dieser Technik ist wichtig für die Beurteilung, ob es sich lohnt, einen Text genauer – also Wort für Wort – zu lesen oder nicht. Dazu muss man sich darüber bewusst sein, welche Informationen man in einem Text finden möchte (Namen, Begriffe etc.). Beim Überfliegen des Textes müssen Sie dann auf Wörter, die mit dem Gesuchten in Verbindung stehen, Acht geben (und diese eventuell unterstreichen). Anhand der (Menge der) Signalwörter können Sie dann entscheiden, ob der Text für Ihre Zwecke geeignet ist (selektives Leseverstehen). Viele Texte müssen also nicht bis ins Detail gelesen werden. Auch um in einem Text die groben Zusammenhänge wiedergeben zu können, reicht es, ihn zu „überfliegen". Dabei sucht man Antworten auf die sogenannten W-Fragen: Wer? Was? Wann? Wo? Wie? Warum? etc. Wenn Sie einen Text vor dem Hintergrund dieser Leitfragen „überfliegen", erkennen Sie schnell den Gesamtzusammenhang (globales Leseverstehen).

3. Blickfeld erweitern

Die Erweiterung des Blickfelds erlaubt es, die Lesemenge mit einem Blick zu erweitern, also längere Wörter oder ganze Sätze schneller zu erfassen. Je stärker das Blickfeld eingeschränkt ist, desto eingeschränkter arbeitet das Gehirn. Fordern Sie Ihr Gehirn also, indem Sie Ihr Blickfeld und damit die zu verarbeitende Datenmenge erweitern. Testen Sie sich, indem Sie – ohne die Augen zu bewegen – versuchen, so viele Wörter wie möglich zu erfassen.

4. Inhalte „erraten"

Kontextgebundenes „Erraten" von Buchstaben und Silben erleichtert und beschleunigt den Leseprozess. Bei geläufigen Wörtern werden dabei z. B. nicht alle Silben bewusst gelesen, sondern passend im Gehirn ergänzt, sodass das Wort vor dem jeweiligen Texthintergrund Sinn ergibt.

5. Vermutungen anstellen

Stellen Sie im Vorfeld Vermutungen über den möglichen Inhalt eines Textes an (z. B. anhand seiner Überschrift). Hilfreich sind

auch hier die W-Fragen. Dieser Schritt wird Ihnen das Textverständnis erleichtern und Ihnen außerdem helfen, den Inhalt besser im Gedächtnis zu behalten.
Es spielt letztlich auch keine Rolle, ob Ihre Vermutungen zutreffen. Denn die Auseinandersetzung mit Vermutungen vor dem Lesen gewährleistet während des Lesens eine aktivere und effektivere Aufnahme der Inhalte und sorgt außerdem für Bestätigungen oder Überraschungen.

6. Details erfassen

Wenn man in einem Text Einzelheiten verstehen möchte, spricht man vom detaillierten oder analytischen Lesen. Man liest Wort für Wort, Zeile für Zeile, Absatz für Absatz. Um alles zu erfassen und zu verstehen, muss man den Vorgang evtl. auch wiederholen. Um sich die Inhalte dann auch zu merken, können Sie natürlich wieder auf die Ihnen aus den vorangegangenen Übungen bereits bekannten Memo-Tipps zurückgreifen.

Die folgenden Übungen greifen die hier dargestellten Lesestrategien wieder auf. Die Verweis ▶ L + Ziffer führt Sie zu der jeweils für eine Aufgabe anwendbaren Lesestrategie. Die übrigen Angaben beziehen sich auf die zu Beginn des Buchs dargestellten Memo-Tipps.

93. Lesen Sie den folgenden Text lautlos und stoppen Sie die Zeit, die Sie dafür benötigen. Lesen Sie den Text insgesamt drei Mal und stoppen Sie jedes Mal die Zeit. Haben Sie sich verbessert? Um wie viele Sekunden? ▶ L1

Omnium fortāsse pōtiōnum in orbe terrārum nōtissima est cóffea. Ubīque nōmen simile habet Æthiōpiā exceptā, unde oritur et ubī *bunna* vocātur. In Æthiōpiā vērō illa pōtiō nāta est in regiōne nōminis Kaffa, ubī prīmæ plantæ cóffeæ inventæ sunt. Ex quibus prīmō permulta sæcula pōtiō nōn coquebātur, sed sēmina vel integra vel contrīta et cum būtȳrō calidō tosta comedēbantur, quī ūsus adhúc in remōtīs partibus illīus regiōnis valet.

Inter multās fābulās dē cóffeæ inventiōne est illa de pāstōre quōdam pigerrimō Kaffēnsī et dē ovibus ejus semper sēgnibus. Sed bēstiæ quondam, cum sēmina cujusdam herbæ comēdissent, subitō álacrēs factæ sunt. Pāstor cum etiam sēmina gūstāvisset īis animum excitārī cognōvit. Mónachus quīdam postquam pāstōrem álacrem vīdit cum ipse sēmina comēdisset animum inter precēs nocturnās diūturnās magis acūtum et attentum reddī sēnsit. Cóffeæ mystērium cum mónachus pervulgāverit prīmum in Æthiōpiā et deinde in tōtō orbe terrārum cognitum est.

94. Erkennen Sie so schnell wie möglich das Wort, das nicht in die jeweilige Reihenfolge passt.

▶ L2

1. amō amās amat emō amet

2. Pollūx pollex pollēns pollis pellis

3. putō petō puter putus putō

4. mālum mālus mūlus māla māllō

5. quisque quidque quodque quæque quotquot

LESEÜBUNGEN

95. Lesen Sie die Wörter, indem Sie immer das kleine Quadrat im Auge behalten. ▶ L3

tū	sed
tuus	suus
tubus	sonus
tabula	saccus
tablīnum	sacerdōs
tabulātum	sacerdōtium
taciturnus	sacrāmentum

96. Lesen Sie Zeile für Zeile, aber fixieren Sie mit Ihrem Blick dabei die Mitte des Textes. ▶ L3

nox

nōlō

nūgæ

nūllus

natātiō

naufrāgium

nōnnumquam

nōngentēsimus

**97. Lesen Sie die folgenden lateinischen Wörter laut.
Sie sind Ihnen im Laufe der vorangegangenen Übungen bereits begegnet.**

▶ L4

m▪nsa   luc▪rna   N▪v▪mber

ōv▪m   fa▪er   hō▪a

offic▪na   me▪īd▪ēs   a▪īc▪s

sex▪gin▪ā   pis▪i▪   S▪tur▪ī ▪iē▪

c▪sta▪ea   c▪bicu▪um   ▪emo▪ia

a▪te▪ e▪erc▪re

98. Lesen Sie laut den folgenden Zeitungsbericht und ergänzen Sie dabei möglichst flüssig die fehlenden Vokale.

▶ L4

Pu▪ll▪ avi▪m aucti▪ne cōnstitūtā v▪nd▪bat

Pu▪ll▪ d▪cem ann▪rum avi▪m aucti▪ne cōnstitūtā v▪nd▪bat cum e▪m ultr▪ t▪ler▪re n▪n posset. Præcōnem ▪vi▪m querib▪ndam s▪d am▪nt▪ss▪m▪m dēscrībere j▪ssit. Licitātiōnem m▪nim▪m p▪▪ll▪ n▪n st▪tu▪rat. S▪d ant▪qu▪m m▪gistrātūs aucti▪nem prohibuērunt v▪g▪nt▪ s▪pt▪m lic▪t▪ti▪nēs accēp▪t.

99. Lesen Sie den folgenden Text laut vor. Ergänzen Sie die fehlenden Informationen beim Lesen. ▶ L4

Pristis immānis capta est

Pristis immānis quadrāgintā cubitōrum capta est ā piscātōre valdē mīrantī. Cum piscātum domum attulisset omnēs quī pristem vidēbant sē numquam bēluam marīnam huius magnitūdinis vīdisse dīxērunt.

100. Suchen und unterstreichen Sie im Text die Wörter, die Sie dem Bereich „Kriminalität" zuordnen (auch wenn Sie die genauen Wortbedeutungen nicht kennen). ▶ L2

Fēlem rapuērunt et pretium redēmptiōnis popōscērunt. VII hominēs captī sunt.

Hominēs quīdam fēlem rapuērunt et pretium redēmptiōnis poposcērunt sed a fēlis dominā indicātī sunt.
VII hominēs quī raptum patrāvisse putābantur comprehēnsī sunt. Illa epistulā certior facta erat fēlem raptam esse et XX nummīs redimī posse. Mulier pretium solvere cōnsēnserat sed antequam pecūniam trāderet rem ad magistrātūs dētulerat. Prædōnēs, IV mulierēs et III virī, captī et crīmine extorsiōnis raptūsque accūsātī sunt.

Lesen Sie den Text erneut, diesmal mit dem Augenmerk auf die Vergangenheitszeiten.

101. Interessieren Sie sich für Sport (a), Gerichtsberichte (b), Medizin (c), Wirtschaft (d), Nachrichten aus aller Welt (e) und von Stars und Sternchen (f)? Welche der folgenden Artikel würden Sie lesen?

1. Cæsaris scrīptum scholasticum inventum est. _____f_____
2. A pīrātīs raptus quīdam iīs mortem minātur. _____
3. Rēs rūstica male sē habet. _____
4. Rædārius rædam sistit et prānsum it. _____
5. Spēs est magna, victōriæ dēsunt. _____
6. Chīrūrgus pedem falsum resecuit. _____

102. Lesen Sie den Artikel vor dem Hintergrund der folgenden Fragen.

1. Quis prīmās partēs agit?

2. Quid factum est?

Rude dōnātus quīdam sē honestum præbet

Septuāgēnārius quīdam rude dōnātus marsuppium plūs duo mīlia sēstertium continēns invēnit et rettulit. Cum enim ambulāret marsuppium humī jacēns invēnerat quod pecūniam, ānulum et chartam cui nōmen inscrīptum erat continēbat. Proptereā marsuppium decuriōnī XXXVI annōs natō reddere potuit.

103. Lesen Sie die folgende Schlagzeile und stellen Sie eine kurze Vermutung über den Inhalt des dazugehörigen Zeitungsartikels an. Die W-Fragen können Ihnen dabei als Leitfragen behilflich sein. Blättern Sie dann um.

▶ L5

Fūrēs vigilēs pūblicōs conveniunt et auxilium petunt.

104. Lesen Sie den folgenden Artikel und prägen Sie sich die darin genannten Detailangaben (Maße, Kosten, etc.) ein. Versuchen Sie dann, die Aufgabe auf der folgenden Seite zu lösen.

▶ L6 + Memo-Tipp 4 + 8

ROMÆ – DOMUS ANGUSTISSIMA VENIT

Angustissima Romæ domus nōn minōris pretiī, centum mīlibus sēstertium, vēnit. Sita in Ēsquiliīs et minus decem pedēs lāta tria tabulāta habet et tōtam āream habitātōriam MCC pedum quadrātōrum præbet. Ædificātā M. Tulliō Cicerōne G. Antōniō Hybridā cōnsulibus hominēs præclārissimī in hāc domō habitābant, sīcut Sergius gladiātor rude dōnātus, Scorpus aurīga Pўlădēsque pantomīmus.

103. Treffen Ihre Vermutungen zu? Lesen Sie den zur Schlagzeile gehörigen Zeitungsartikel.

> Aurifex duōs hominēs dēprehendit dum ānulōs aureōs surripere cōnantur. Eōs fūstibus ita tractāvit ut fugerent. Timōre aurificī quī fūrēs súbsequēbātur adductī cum vigilēs pūblicōs vīdissent eōs obsecrāvērunt ut sē comprehenderent nē aurifex eōs abundantius verberāret. Vigilēs fūrēs cūstōdiæ mandāvērunt.

104. Ergänzen Sie die fehlenden Informationen (Zahlen und Namen).

Angustissima Rōmæ domus vēnit _____

sēstertium. Minus _____ lāta est, _____

tabulāta habet et āream habitātōriam _____

pedum quadrātōrum præbet.

Ædificāta _____ cōnsulibus, tam

clārissimī hominēs sīcut _____

et _____ et _____

eam inhabitābant.

105. Lernen Sie den Text auswendig.

▶ L6 + Memo-Tipp 3E + 4

Cūr cælum cæruleum est?
Sōlis lūx ex variīs colōribus cōnstat, quī ab āeris particulīs dīversē reflectuntur. Plūrimum cæruleus color reflectitur. Color lūcis quæ ā cælo in nostrōs oculōs intrat ergō cæruleus vidētur.

> Verschnaufpause: Ein Kalenderblatt zeigt den 1. April an. Wie viele Blätter müssen Sie abreißen, bis Sie zu einem Datum mit der Angabe 31. gelangen?
>
> _____

106. Prägen Sie sich den Text ein.

▶ L6 + Memo-Tipp 3E + 4

Psíttacus loquitur sīcut puer

Lōrus vocātur, ætātis suæ annum octāvum agit et psíttacus eríthacus est quī in fœderātīs Amēricæ cīvitātibus habitat. Prīmum totīus orbis animal est quod æquē ac puer loquī scit. CML verba optimē cognōvit et ea Anglicā prōnūntiātiōne prōferre potest.

105. Beantworten Sie die folgenden Fragen.

1. Quæriturne quicquam in sententiīs aut titulō?

   _____

2. Quot verba sententiīs et titulō īnsunt?

   _____

3. Quot prōnōmina inveniuntur?

   _____

4. Quot colōres nōminantur?

   _____

106. Lesen Sie den Text erneut, unterstreichen Sie die Wörter, die verändert wurden und ersetzen Sie sie mit den ursprünglichen Wörtern.

> Lōrus ei nōmen est, ætātis suæ annum octāvum agēns psíttacus eríthacus est quī in Amēricā septentriōnālī habitat. Prīmus totīus orbis psíttacus est quī perinde ac puer loquī scit. CML verba optimē cognōvit et ea Anglicā prōnūntiātiōne prōferre potest.

MERKEN

107. Lernen Sie die Sätze samt Nummerierung auswendig. ▶ L6 + Memo-Tipp 4

1. Īnfantulus nūper nātus jam magnam fāmam sibī acquīsīvit.

2. Mārcus Tullius Cicerō, Arpīnī nātus, omnēs hominēs numerō majōrum superāvit.

3. Ei maximus majōrum adhűc vīventium numerus est quod XIII ei sunt avōrum et aviārum, proavōrum et proaviārum, abavōrum et abaviārum.

108. Lesen Sie den Artikel. Prägen Sie sich die Ihrer Ansicht nach fehlenden Wörter ein. ▶ L6 + Memo-Tipp 4

Ædīlēs dēprehēnsī

Cum ædīlēs noctū in _____ ambulābant lectōs invēnērunt quī mediā in viā _____ erant. _____ concīdērunt quia curribus impedīmentō erant[1].

Tunc ā vigilibus[2] ob damnum injūriæ _____ sunt, nam eōs ædīlēs esse nōn _____ .

[1] dīgesta XVIII 6,13   [2] dīgesta I 15,3

128 ANWENDEN

107. In welchen der drei Sätze finden sich ...

1. familiārum nōmina?   *In tertiā sententiā.*

2. īnfantis nōmen?   _____

3. numerus?   _____

4. oppidī nōmen?   _____

5. superlātīvus?   _____

6. participia?   _____

Verschnaufpause: Lösen Sie die „Gleichung".

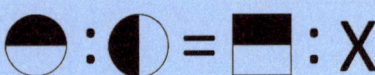

---

108. Bringen Sie die folgenden fehlenden Wörter aus dem Text auf der vorangegangenen Seite in die richtige Reihenfolge. Fügen Sie sie dann auch in den Text ein.

_____ agnōverant   _____ dēprehēnsī

__1__ viā (viīs)   _____ Eōs

_____ positī

MERKEN

109. Die folgenden Schlagzeilen sind nicht eindeutig einem Thema zuzuordnen. Stellen Sie auf Lateinisch Vermutungen über mögliche Inhalte an. Prägen Sie sich dann die Sätze mit der dazugehörigen Nummerierung ein.

▶ L5 + Memo-Tipp 4

1. Negōtia mē pinguem reddidērunt!

2. Cantabrīgia optima est.

3. **Dīs grātiā nōn vīcimus.**

4. <u>**Historia sárcinæ viridis errantis.**</u>

110. Lesen Sie überblicksartig den folgenden Artikel.

▶ L2

Sāturnālibus urbem trānsīre nōn nisi pedibus licēbit

Magistrātus Rōmānus Sāturnālibus ūsum vehiculōrum interdīcēbat. Diēbus fēstīs XVII ad XXIII mēnsis Decembris nē hominēs urbem trānsīrent nisi aut pedibus aut sellā aut lectīcā ēdictō monuit. Sī quis ēdictum violāverit damnum pecūniæ inter XXV et D nummōs accipiet.

109. Welchen Schlagzeilen entsprechen die folgenden Untertitel?

_____ 'Pondus a 60 ad 130 chiliogrammata crēvit.'
Vīta dūra cibōrum exīstimātōris narrātur.

_____ 'Fēriæ mihī perditæ sunt.' Sarcina mulieris cūncta
vestīmenta continēns āmissa est.

_____ **Quæ mala fāta spōnsiōnum victōribus accidere solent.**

_____ Hæc studiōrum ūniversitās fāmam optimam habet.

110. Beantworten Sie die Fragen.

1. Ubī factum est?

   _____

2. Ad quās celebrātiōnēs rēgulæ attinent?

   _____

3. Quanta est pœna pecūniāria?

   _____

4. Quibus diēbus lūdī celebrābuntur?

   _____

111. **Prägen Sie sich die folgenden Wörter mitsamt ihrer Nummerierung ein.**

▶ Memo-Tipp 5

1. liber

2. memoria

3. implēre

4. sententiam

5. valē

6. sī

7. potes

8. uterque

9. viget

10. gaudeat

ANWENDEN

111. Vervollständigen Sie den Text, indem Sie die den Ziffern entsprechenden Wörter eintragen.

(6) _____ hanc (4) _____

(3) _____ (7) _____,

(2) _____ (9) _____ et hic

(1) _____ tibī fortāsse auxiliō fuit.

(8) _____ nostrum (10) _____ .

(5) _____ !

LÖSUNGEN

2. Die Zahlen in der Tabelle (beim Aufzählen wird die neutrale Form der deklinierbaren Zahlen verwendet): tria, zērum (in der Antike unbekannt), septendecim, quīnque, ūndecim, sex, sēdecim, ūnum, octō. Die nicht genannten Zahlen bis zwanzig: duo, quattuor, septem, novem, decem, duodecim, tredecim, quattuordecim, quīndecim, duodēvīgintī, ūndēvīgintī, vīgintī

3. Fēlīx Anglus est. Robertus et Bernardus Germānī sunt. Ēva Austríaca est. Lūcius Hispānus est. Anna Francogalla est.

4. Jānuārius, Mārtius, Mājus, Jūlius, Augustus, Octōber, December

5. <u>alimenta:</u> puls, pullus, ōvum, farcīmen, jūsculum; <u>professiōnēs:</u> operārius, vēnditor, præceptor, medicus, faber lignārius

6. 1. Est hōra tertia minūta quadrāgēsima quīnta / hōra tertia et dōdrāns. 2. Hōra duodecima / Merīdiēs / Media nox est. 3. Hōra sexta minūta quīnta decima / Hōra sexta et quadrāns est. 4. Hōra tertia minūta trīcēsima / Hōra tertia et dīmidia est. 5. Hōra quīnta minūta quadrāgēsima est. 6. Hōra prīma est.
Abgebildet sind: Merīdiēs / Hōra duodecima est. Media nox est. Hōra tertia et dōdrāns est.

7. Mārcus, Mediōlānī, Italiā; Architectūræ, officīnā, patris

Verschnaufpause: Es sind mehr als 10 Dreiecke.

8. n**o**men, datum, pr**a**enōmen, sexus, diēs nātālis, val**i**dus ad, **lo**cus nātālis / Lösung: **nātiō**

9. 2.562 – MMDLXII; 15.827 – $\overline{\text{XV}}$ DCCCXXVII; 128.426 – $\overline{\text{CXXVIII}}$ CCCCXXVI; 327.814 – $\overline{\text{CCCXXVII}}$ DCCCXIV; 1.905.366 – |$\overline{\text{IXX}}$| VMCCCLXVI; 2.000.000.008 – |$\overline{\text{XXM}}$| VIII

10. 1. piscis, *is m.*, sal, *salis m.*; 2. carō, *carnis f.*, oxygala, *æ f.*, perna, *æ f.*; 3. lac, *lactis n.*, siser, *siseris n.*

11. <u>odōrēs jūcundī:</u> láganum, placenta, pōculum vīnī, flōs; <u>odōrēs tætrī:</u> pedēs sūdātī, piscis corruptus, sordēs, mephītis

13. catīnus, mappa, lagœna

14. 1. (+ 3) – 18 (IIXX, duodēvīgintī); 2. (- 2) – 11 (XI, ūndecim); 3. (x 2) – 64 (LXIV, sexāgintā quattuor); 4. (x 2 + 1) – 191 (CXCI, centum nōnāgintā ūnum)

15. pirum, ālium

16. 1. vērum, 2. falsum, 3. falsum, 4. falsum

17. <u>homō movēns:</u> īre ambulātum / ad forum / in silvam / domum, lūdere pedifolliō; facere gradum; <u>homō sedentārius:</u> spectāre lūdōs, īre in somnum, lūdere tālīs / āleā, vehī currū, remanēre domī, audīre cantum

Verschnaufpause: Um 20 Vokabeln zu lernen, braucht man genauso viel Zeit wie für das Doppelte der Hälfte von 20 Vokabeln, da es sich beide Male um 20 Vokabeln handelt.

18. nōn, timeō, memoria, omnis, emblēma

19. fātum – tabulātum, argentum – pavīmentum, diēs – quiēs, scīre – audīre, amāre – laudāre, cīvitās – cāritās, magister – minister

Verschnaufpause: 19 (die Zahlen folgen dem Schema + 3 – 1)

20. 1. vīnum, aqua, mulsum; 2. pullus, suīlla, vitulīna; 3. XVIII (III vīnī, XV aquæ); 4. pōcula, mappæ

21. Aussprache (deutsche Lautwerte): a, b, ke, d, e, f, g, h, i, k, l, m, n, o, p, q, r, s, t, u, x, y, zeta

Beachten Sie: *j* und *v* sind im ursprünglichen lateinischen Alphabet keine eigenen Buchstaben, da ihre Lautwerte durch die Buchstaben *i* und *u* mit abgedeckt wurden. Wir verwenden sie in diesem Buch im Einklang mit der späteren Tradition zur besseren typografischen Unterscheidung der Lautwerte.

Verschnaufpause: Es fehlt der Buchstabe U. Es handelt sich um die Anfangsbuchstaben der lateinischen Zahlen von X bis I (decem – novem – octō – septem – sex – quīnque – quattuor – tria – duo – ūnum).

LÖSUNGEN

25. 1. Quis dormit? 2. Quō īs? 3. Quandō adveniēs? 4. Cūr nōn veniēs? 5. Quid facis?

Verschnaufpause: F (6. Buchstabe des lateinischen Alphabets) + N (13. Buchstabe des lateinischen Alphabets) = 19 (vgl. Lösung 21)

26. 1. flōrēs seruntur. 2. pōtiōnēs frīgidæ sorbillantur et hominēs aprīcantur. 3. ūvæ vīndēmiantur et castaneæ comeduntur. 4. lacernæ geruntur et nartātur.

27. 1. toga, 2. folium, 3. cælum, 4. sanguis, 5. sōl, 6. terra

Verschnaufpause: Man benötigt vier Farben (rot, gelb, grün, schwarz). Schwarz für das Gehäuse der Ampel. Die Fahne des Vatikans ist gelb-weiß, der vatikanische Briefkasten ist ebenfalls gelb. Auch wenn die Farbe Weiß vorkommt, werden Sie sie sicherlich nicht für eine Zeichnung verwenden.

28. sēligere, sēligo, sēlēgī, sēlēctum; lūdere, lūdō, lūsī, lūsum; comedere, cómedō, comēdī, comēsum; emere, emō, ēmī, ēmptum; induere, índuō, índuī, indūtum; rapere, rapiō, rapuī, raptum; rēpere, rēpō, rēpsī, rēptum; vēndere, vēndō, vēndidī, vēnditum. Es handelt sich um unregelmäßige Verben.

29. 1. Artem laniōnis exercet. 2. Ovidius nōminātur. 3. Vēneunt suīlla, ovīlla, farcīmina, alia. 4. Sē prō poētā gerit. 5. Holera, sēmina, pōma frūmentaque amat.

30. nōbilis – comparāre, fābula – patientia, calāmitās – contemnere, dubium – tempestās

32.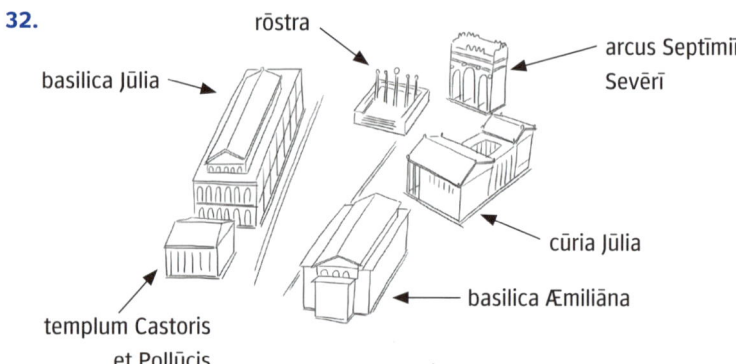

33. macer, pallidus, ōs, tenuis, compāctus, vetus; „Barba nōn facit philósophum" bedeutet „Ein Bart macht noch keinen Philosophen."

34. Utrīque oculī et supercilia nigra sunt. Pater barbātus laureātusque palūdāmentum gerit et statūrā minor est quam fīlius. Fīlius tunicam gerit et lēvis patreque prōcērior est.

35. 1. caput, 2. digitus, 3. bracchium, 4. pēs, 5. auris, 6. umerus, 7. crūs

36. nāsus, faciēs, capillī, crūra, oculī, labra; (oculī) cæruleī, (crūra) gracilia, (faciēs) ōvāta, (labra) carnōsa, (capillī) cānī, (nāsus) tūberōsus

37. 1. pede, 2. manūs, 3. caput, 4. crūs, 5. corde
1. Mel in ōre, fel in corde. 2. In hāc rē omnī pede standum est. 3. Nec caput nec pedēs. 4. An nescīs longās rēgibus esse manūs? 5. Asciam sibī in crūs impingere.

40. Cēnāvī. Domum redīvī. Domō abīvī. Studuī. Jentāculum sūmpsī. Lavātus/-a sum. Pōtiunculam bibī. Surrēxī.

41. <u>Imperfekt:</u> beschreibt Umstände und Ursachen (1), Gebräuche (3), wiederholte Handlungen (7) bzw. versuchte Handlungen (*dē cōnātū*, 5); <u>Perfekt:</u> stellt eine vollendete Handlung dar (6), beschreibt eine Handlung mit fortdauernder Wirkung (4) bzw. ein neu eintretendes Ereignis in einer Erzählung (2).

LÖSUNGEN **137**

Verschnaufpause: Potuit, mēnsibus Augustō, Novembrī et Decembrī sōlum VIII litteræ sunt.

42. rosa → salūs → lūstrāre → rēmus → musca → canis → nisi → sibī → bibō → bonum → nūmen → mēnsis

43. ... Juliæ diē XXI mēnsis Februāriī, Catharīnæ diē IIXXX mēnsis Jūliī, Gaiī diē XII mēnsis Augustī, Sophiæ diē XXX mēnsis Septembris, Lūciæ diē XXIV mēnsis Octōbris, Lȳdiæ diē XIV mēnsis Novembris, Philippī diē XXII mēnsis Decembris.

Verschnaufpause: 9876

44. <u>vīsus:</u> vidēre, cernere, spectāre, sentīre / trānslūcidus, clārus, viridis; <u>audītus:</u> auscultāre, sentīre / exsurdāns; <u>gūstus:</u> gūstāre, sentīre / amārus, dulcis, īnsulsus; <u>tāctus:</u> tangere, mulcēre, palpāre, sentīre / asper, calidus, mollis, lēvis; <u>olfactus:</u> odōrārī, sentīre / fœtidus.
Das Verb *sentīre* (mit den Sinnen wahrnehmen) kommt mehrfach vor.

45. 1. quattuor: cáliga – fōcāle – gunna – tibiālia; 2. cingulum; 3. castanea; 4. thōrāx lāneus / mæniānum; 5. ita

46. lagœna = 3.; forēs = 1.; arca = 4.; liber = 5.; pōculum = 2.

47. 1. falsum; 2. vērum; 3. vērum; 4. falsum; 5. vērum; 6. falsum, 7. vērum; 8. falsum

48. Es gibt keine Veränderungen (mūtātiōnēs dēsunt). / Außer Haus (forīs).

49. 1. Mārcus, 2. Jūlia, 3. Robertus, 4. Hadriānus, 5. Philippus

50. vestibulum, jānua, cubiculum, triclīnium, ātrium, pavīmentum, lectus, tabulātum, lātrīna, tēctum, mæniānum, balneum / Oberbegriff: domus

51.

1.	2.			
		3.	7.	
		4.	6.	8.
		5.		9.
			10.	
			11.	

Verschnaufpause: X = dormīre

52. 1. duo armāria; 2. septem māchinæ ēlectricæ (frīgidārium, focus, māchina ēlūtōria, tēlevīsōrium, lampas, māchina lavātōria, haustrum pulveris); 3. lavābrum inest; 4. est; 5. nōn, habet tantum II fenestrās

53. Der Name der Person und das Transportmittel beginnen jeweils mit demselben Buchstaben. Mögliche Lösung: <u>Paula:</u> pedēs, plaustrum, pīlentum; <u>Sabīna:</u> scapha; <u>Victor:</u> verēdus, vehiculum. Weitere mögliche Kombinationen: <u>Camilla:</u> carpentum; carrūca; <u>Titus:</u> traha.

Verschnaufpause: (10 x 2) + (5 x 1) + (3 x 4) = 37

54. hiems (Quod frīgus!); madidus (Quī imber!); lectus (Quī somnus!); ōscitāre (Quæ nausea!); pōculum (Quæ sitis!); hōrologium (Quam sērō!); sōl (Quī calor!); fōcāle (Quī ventus!); pānis (Quæ famēs!); capillus in jūsculō (Quod tædium!)

55. humilis – pinguis – validus / inurbānus – placidus – remōtus / lātus – attentus – pulcher / longus – prūdēns – magnus

Verschnaufpause:

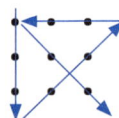

56. Mögliche Lösung: Tullia āctīva est, Mārcia et Ūdalrīcus āctīvī sunt. Alexander strēnuus est, Cynthia strēnua est, Alexander et Cynthia strēnuī sunt. ...

Verschnaufpause: 1001

58. Mögliche Lösung: Rōma, Lutētia, Londīnium, Athēnæ, Monasterium, Oxōnium, Matrītum, Mediōlānum / Aquīsgrānum

59. a<u>vu</u>nculus, <u>fi</u>lia, <u>ne</u>pos, sor<u>or</u>, ma<u>ri</u>tus, a<u>vu</u>s, ma<u>te</u>rtera, ux<u>or</u>, pat<u>ruu</u>s, pa<u>te</u>r

Verschnaufpause: ? = 1500 (Die Zahlenreihen folgen nacheinander dem Prinzip x 1, x 2, x 3, x 4, x 5).

60. 1. coāctor, 2. gnārus, 3. tībīcen, 4. ōrātor; Lösung: **cognātiō**

61. ♂: viduus, cælebs, marītus, concubīnus; ♀: virgō nūbilis, uxor, vidua, spōnsa, repudiāta, pælex

Verschnaufpause: Es sind 16 geometrische Figuren (ABHG, GHDE, ABDE, AFG, FGE, BCH, HCD, BCD, AFE, ABCF, FEDC, ABHF, ABCG, FHDE, GCDE, ABCDEF).

62. equō: ephippium, virga, calcāria, habēna; rædā: rædārius, sufflāmen, axungia; nāve: appulsus, portus, vēlum, portōrium, nauarchus

63. Frīgidum / Nebulōsum / Nūbilum est cælum. Sōl splendet. Ventus flat. Tonat. Pluit. Ningit. Grandinat.

Verschnaufpause:
⑥
②①
④③⑤

64. cælum serēnum: Martis diē, Jovis diē, Veneris diē; tempestās fœda: hodiē, crās, Mercūrīī diē; Saturnī diē; hodiē Sōlis diēs est.

65. exīre: 5; introīre: 2, sistere: 1, fūmāre: 4, trānsīre: 3.
Den verneinten Imperativ bildet man im Lateinischen mit *nōlī* + Infinitiv (*nōlī exīre*), mit *nē* + 2.Ps.Sg.Konj.Perf. (*nē exieris*), mit *nē* +2.Ps.Sg.Konj.Ps. (*nē exeās*), mit *nē* + Imperativ (*nē exī*), mit *nē* + Imperativ II (*nē exītō*), mit *nōn* + 2.Ps.Sg.Fut. (*nōn exībis*), sowie mit Umschreibungen der Art *nōlim exeās*, *cavē nē exeās* etc.

66. 2. Nōn trānsgrediēris! / Nōn trānsgrediēminī! 3. Nē præcipitāveris! / Nē præcipitāveritis! 4. Nē lūdās! / Nē lūdātis! 5. Nē intrōdūc! / Nē intrōducite! 6. Nē fūmātō! / Nē fūmātōte!

67. X = opus, Y = pecūnia (pecūniæ familiārēs, pecūniam mūtuam dare / ērogāre / facere), Z = ars (artem exercēre, ars medendī, artēs līberālēs, artem discere), A = negōtia

Verschnaufpause: 1 + 1 + 1 + 1 + 11 = 15

68. waagrecht: facere, merērī, faber; senkrecht: negōtium, artifex, mercēs, operārius, mōlīrī; diagonal: opus, labōrāre, tīrō, industria, pēnsum; pecūnia nōn olet (Geld stinkt nicht).

69. Lösung: **Tullius Cicerō**

70. taberna sūtrīna: calceī, cáligæ; forum holitōrium: brassica, fabæ, lentēs; taberna pōmāria: pira, frāga; forum piscārium: mullus, aurāta, garum; taberna vīnāria: Falernum, Cæcubum

71. 2, 5, 4, 3, 7, 9, 1, 6, 8

72. imperfectum: peterem, stābat, tenēbat, rīdēbat, remānēbat, gūstābat; perfectum: convēnī, appāruit, ēripuit, cœpit

73. 1. Mărius, 2. Flāvia, 3. Mārcus, 4. Lūcius, 5. Gaius, 6. Paula, 7. Lūcia, 8. Clāra

Verschnaufpause:

75. vacca, gallus, canis, rāna, serpēns, ovis, equus, lupus, piscis, talpa, leō, passer, apis, vulpēs, fēlēs, ursus, musca, capra, lepus, cervus

76. 1. fēlēs alba (Nivea), canis āter (Fīdus), piscis ruber (Cárolus); 2. omnēs trēs domum incolunt; 3. alba, āter, ruber; 4. Clāra Niveæ domina est et septem annos nāta est; 5. fēlēs et piscis

77. lūdī magister, præfectus urbis, orbis terrārum, præfectus nāvium, imperium marítimum, studium ēloquentiæ, præfectus prætōrīī, sōlis ortus, auxilium ferre, summum imperium, rērum nātūra

Verschnaufpause:

79. quadrum vīsificum + computātōrium; lampas + lūmen ēlectricum; perspicillum + nāsus; operculum + ōlla; fīlum + acus, mātrīx + cochlea; clāvis + claustrum; sigarellum + rāmentum sulphurātum; pecten + cŏma; tēlephōnum + exceptāculum; digitābulum + manus

80. 1. cīsōrium, 2. frīgidārium, 3. forfex, 4. acus, 5. haustrum pulveris, 6. māchina mixtōria, 7. malleus, 8. discophōnum, 9. focus, 10. scōpæ

81. Vīsne thēsaurum reperīre? Prōcēde octō passūs ad septentriōnēs versus ā saxō incipiēns, quod fōrmam calvæ præbet. Perge trīgintā passūs in ōrientem et scrobem effode. Sub terram arcam nummōrum aureōrum plēnam inveniēs.

Verschnaufpause:

6	1	8
7	5	3
2	9	4

82. fēlīcem Chrīstī nātālem!

83. <u>Panzer:</u> Etiamne fūstibus pugnābunt? <u>Schuhe:</u> Etiamne animālium pellēs induent? <u>Heizung:</u> Etiamne igne ad calefaciendum ūtentur? <u>Supermarkt:</u> Etiamne vēnābuntur ut sibī cibum cómparent? <u>Bett:</u> Etiamne in spēculīs dormient?

84. 2. erstes Wort (manēbisne), 3. viertes, sechstes und siebtes Wort (dīcet, factūrus sit), 4. viertes und fünftes Wort (invītātūrum esse), 5. fünftes und sechstes Wort (superātūrus sīs), 6. viertes Wort (venientne)

85. Mögliche Lösungen:
   U: ūva / ursus / ūrīnātor / ūtī
   P: pānis / piscis / pīstor / petere
   M: mālum / mūs / māter / mālle
   S: lentēs / lepus / laniō / legere
   C: carō / canis / coquus / cessāre

Verschnaufpause:

86. 1. lăvat, 2. pars, 3. ōvō, 4. nātūra, 5. hūmānum, 6. hōra
3-a; 2-b; 6-c; 1-d; 4-e; 5-f

87. 1. bellum; 2. calix; 3. æs aliēnum; 4. ossa; 5. vītam

88. mālus – manus – cānus – canis – cinis – fīnis

89. 1. album; 2. flāvum; 3. viride; 4. viride; 5. ātrum; 6. cæruleum, 7. ātrum / album

90. 2. frīgidus = kalt → calidus = warm; 3. garrīre = plaudern → plaudere = Beifall klatschen; 4. incidere = hineinfallen → fallere = täuschen; 5. pōnere = legen → legere = lesen; 6. rīdiculus = komisch → cōmis = freundlich

91. pariō / rapiō; tŏnus / nōtus; mola / mālō; sitimus / sūmitis; regere / gerere; mētior / meritō; cōpula / pōcula; lāmina / animal; ōmen / nēmō; modus / domus

Verschnaufpause: Nach 12 Tagen (wenn man am 12. Tag das Seil um 2 Meter kürzt, bleiben nur noch 2 Meter übrig).

92. Mögliche Lösung: nāvem dūcere, epistulam mittere, castra facere, caput movēre, bovem agere, librum reddere, onus ferre, cultrum tenēre;
vītam agere, rīsum tenēre, cūram mittere, animum movēre, uxōrem dūcere, pecūniās facere, suffrāgium ferre, frūctum reddere

94. 1. emō, 2. pellis, 3. petō, 4. mūlus, 5. quotquot

97. mēnsa, lucerna, November, ōvum, faber, hōra, officīna, merīdiēs, amīcus, sexāgintā, piscis, Sāturnī diēs, castanea, cubiculum, memoria, artem exercēre

98. Puella aviam auctiōne cōnstitūtā vēndēbat
Puella decem annōrum aviam auctiōne cōnstitūtā vēndēbat cum eam ultrā tolerāre nōn posset. Præcōnem aviam queribundam sed amantissimam dēscrībere jussit. Licitātiōnem minimam puella nōn statuerat. Sed antequam magistrātūs auctiōnem prohibuērunt vīgintī septem licitātiōnēs accēpit.

99. Pristis immānis capta est
Pristis immānis quadrāgintā cubitōrum capta est ā piscātōre valdē mīrantī. Cum piscātum domum attulisset omnēs quī pristem vidēbant sē numquam bēluam marīnam hujus magnitūdinis vīdisse dīxērunt.

100. rapere, pretium redēmptiōnis pōscere, capere, indicāre, raptus, comprehendere, redimere, dēferre, prædō, crīmen, extorsiō, accūsāre; rapuērunt, popōscērunt, captī sunt, indicātī sunt, patrāvisse, putābantur, comprehēnsī sunt, facta erat, raptam esse, cōnsēnserat, trāderet, dētulerat, accūsātī sunt

101. 2. b; 3. d; 4. e; 5. a; 6. c

102. 1. Septuāgēnārius quīdam rude dōnātus. 2. Marsuppium plēnum pecūniæ invēnit et dominō reddidit.

105. 1. etiam (in titulō); 2. XXXII verba; 3. III (quī, quæ, nostrōs); 4. ūnus (cæruleus)

Verschnaufpause: 60 (vom 1. bis 30. April 30 Blätter und vom 1. bis 30. Mai ebenfalls 30 Blätter; der 31. braucht nicht abgerissen zu werden)

106. Lōrus vocātur / Lōrus ei nōmen est; annum octāvum agit et / annum octāvum agēns; in fœderātīs Amēricæ cīvitātibus / in Amēricā septentriōnālī; prīmum ... animal / prīmus ... psíttacus; quod æquē / quī perinde

107. 2. in secundā sententiā (Mārcus Tullius Cicerō); 3. in tertiā (XIII); 4. in secundā (Arpīnum); 5. in tertiā (maximus); 6. in prīmā (nātus), secundā (nātus) et tertiā (vīventium)

Verschnaufpause: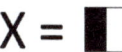

108. 2. positī, 3. Eōs, 4. dēprehēnsī, 5. agnōverant

109. 1, 4, 3, 2

110. 1. Rōmæ. 2. Sāturnālia. 3. Inter XXV et D nummos. 4. Ā diē XVII ad XXIII mēnsis Decembris.

GLOSSAR

Wörtern mit Mehrfachbedeutungen ist die entsprechende Übungsnummer in runden Klammern beigefügt (VP = Verschnaufpause). Substantiven sind Genitiv und Geschlecht, Adjektiven die Geschlechtsformen und unregelmäßigen Verben die Stammformen hinzugefügt.

Folgende Abkürzungen werden verwendet:

m.	maskulin	*c.*	communis (maskulin oder feminin)
f.	feminin	*Pl.*	Plural
n.	neutral	*adj.*	Adjektiv, adjektivisch

A

ā	von
a.C.n. (ante Chrīstum nātum)	v. Chr. (vor Christi Geburt)
ab	von
ábavia, æ *f.*	Ururgroßmutter
ábavus, ī *m.*	Ururgroßvater
abesse, *absum, āfuī, –*	abwesend sein
abīre, *ábeō, abīvī, ábitum*	weggehen
abundantius, a, um	noch mehr
ac	wie; und (72)
accídere, *áccidō, áccidī, –*	zustoßen
accipere, *accipiō, cēpī, ceptum*	empfangen
accūsāre	anklagen
ācer, *cris, cre*	scharf
acētábulum, *ī n.*	Soßenschüssel (groß, zum Eintauchen von Speisen)
acquīrere, *acquīrō, sīvī, sītum*	verschaffen
ācroāsis, *is f.*	Vortrag
ācta, *ōrum n. (Pl.)*	Verzeichnis
ācta diurna	Zeitung
āctīvus, *a, um*	tätig
acus, *ūs f.*	Nadel
acūtissimus, *a, um*	äußerst scharf
acūtus, *a, um*	scharf
ad	an, bis, nach, zu
addūcere, *addūcō, dūxī, ductum*	veranlassen (103)
adesse, *adsum, adfuī, –*	anwesend sein; da sein (52)
adhūc	bisher, immer noch
adīre, *eō, īvī, itum*	hingehen
adjuvāre, *ádjuvō, adjūvī, adjūtum*	unterstützen
adsentīre, *iō, sēnsī, sēnsum*	zustimmen
adulēscēns, *entis c.*	junger Mann, junge Frau
aduncus, *a, um*	einwärts gebogen
adūrere, *ūrō, ussī, ustum*	anbrennen
advenīre, *adveniō, advēnī, adventum*	ankommen
adversus, *a, um*	ungünstig
ædificāre	erbauen
ædīlis, *is m.*	Ädil *(römischer Aufsichtsbeamter)*
ægrōtāre	krank sein
æmulus, *a, um*	eifersüchtig
æquē	ebenso
āēr, *āeris m.*	Luft
āēr compressus	Druckluft (49)
æs, *æris n.*	Erz
æs aliēnum	Schulden (87)
æstās, *ātis f.*	Sommer
æstāte	im Sommer (26)
ætās, *ātis f.*	Alter

Æthiōpia, æ f.	Äthiopien	amīcitia, æ f.	Freundschaft
afferre, afferō, attulī, allātum	hinbringen	amicīre, amiciō, icuī (ixī), ictum	sich ein Gewand umlegen
afficere, afficiō, affēcī, affectum	erfüllen	amiculum, ī n.	Mantel
		amīcus, ī m.	Freund
agere, agō, ēgī, āctum	treiben; handeln (37); stattfinden (12)	āmittere, āmittō, āmīsī, āmissum	verlieren
		āmōtus, a, um	entfernt
annum VIII agere	im achten Jahr stehen (= sieben Jahre alt sein) (105)	ámphora, æ f.	Amphore
		an	oder
		anábathrum, ī n.	Aufzug
		áncora, æ f.	Anker
bovem agere	einen Ochsen antreiben (87, 92)	Anglicus, a, um	englisch
		Anglus, a	Engländer(in)
		angustus, a, um	eng
diem nātālem agere	Geburtstag feiern (43)	animal, ālis n.	Tier
		animus, ī m.	Geist
prīmās partēs agere	die erste Rolle spielen (102)	annus, ī m.	Jahr
		annus scholasticus	Schuljahr
tempus agere	Zeit verbringen (76)		
		hōc annō	dieses Jahr (41 VP)
vītam agere	das Leben führen (87, 92)		
		ante	vor
agnōscere, agnōscō, agnōvī, ágnitum	erkennen	antequam	bevor
		antīquus, a, um	alt
		ānulus, ī m.	Ring
álacer, cris, cre	munter	aperīre, aperiō, aperuī, apertum	öffnen
albus, a, um	weiß		
ālea, æ f.	Würfel	apis, is f.	Biene
aliēnus, a, um	fremd	appārēre, appāreō, appāruī, –	erscheinen
alimentum, ī n.	Nahrungsmittel		
aliquandō	irgendwann	appellāre	(an)rufen, nennen
aliquis, aliquid	irgendeiner, -e, -es	appulsus, ūs m.	Landung
ālium, ī n.	Knoblauch	aprīcārī, aprīcor, aprīcātus sum	sich sonnen
alius, a, ud	anderer, -e, -es		
alter, altera, alterum	der andere (von zweien)	Aprīlis, is, e (adj.)	April
		aptus, a, um	geeignet
altus, a, um	hoch, tief	aqua, æ f.	Wasser
amantissimus, a, um	sehr liebenswürdig	Aquīsgrānum, ī n.	Aachen
		arbor, árboris f.	Baum
amāre	lieben	arca, æ f.	Kiste
amārus, a, um	bitter	archæólogus, ī m.	Archäologe
amātor, ōris m.	Liebhaber	architectūra, æ f.	Architektur
ambō, æ, ō	beide (von zweien)	arcus, ūs m.	(Triumph)bogen
ambulāre	umhergehen	ārea, æ f.	Fläche
América, æ f.	Amerika	argentum, ī n.	Silber

āridus, *a, um*	trocken	Austríacus, *a*	Österreicher(in)
armārium, *ī n.*	Schrank	aut	oder
Arpīnum, *ī n.*	Arpinum *(Geburts-ort Ciceros)*	aut ... aut	entweder ... oder
		autem	aber
Arpīnī	in Arpinum (107)	autumnus, *ī m.*	Herbst
ars, *artis f.*	Kunst; Beruf (29); Disziplin (49); Handwerk (67); Kunstfertigkeit (86)	autumnō	im Herbst (26)
		auxilium, *ī n.*	Hilfe
		avia, *æ f.*	Großmutter
		avus, *ī m.*	Großvater
		avunculus, *ī m.*	Onkel *(Mutterbruder)*
ars gymnica hīberna	Wintersport (49)		
		axungia, *æ f.*	Wagenschmiere
ars medendī	Heilkunst (67)		
ars medicīna	Medizin *(Heilkunst)* (86)	**B**	
		baculum, *ī n.*	Stock
artēs līberālēs	freie Künste (67)	balneāris, *is, e*	zum Baden gehörig
artifex, *icis c.*	Künstler	balneum, *ī n.*	Bad
ascia, *æ f.*	Axt	barba, *æ f.*	Bart
ásinus, *ī m.*	Esel	barbātus, *a, um*	bärtig
asper, *era, erum*	rau	basilica, *æ f.*	Basilika *(Säulenhalle)*
astāre, *astō, astitī, –*	bei etwas stehen		
		bellōsus, *a, um*	aggressiv
āter, *ātra, ātrum*	schwarz	bellum, *ī n.*	Krieg
Athēnæ, *ārum f. (Pl.)*	Athen	bēlua, *æ f.*	Untier
		bēlua marīna	Meeresungeheuer (99)
āthlēta, *æ c.*	Sportler		
ātrāmentārium, *ī n.*	Tintenfass	Bērōlīnum, *ī n.*	Berlin
ātrium, *ī n.*	Eingangshalle	bēstia, *æ f.*	Tier
attentus, *a, um*	aufmerksam	bibāx, *ācis (adj.)*	trunksüchtig
attinēre, *attineō, tinuī, tentum*	sich beziehen	bibere, *bibō, bibī, –*	trinken
		bīnī, *æ, a*	je zwei
attrahere, *áttrahō, trāxī, tractum*	anziehen	bis	zweimal
		blandus, *a, um*	schmeichelnd
auctiō, *ōnis f.*	Versteigerung	bonus, *a, um*	gut
audīre, *audiō, audīvī, audītum*	hören	bōs, *bovis c.*	Rind
		brācae, *ārum f. (Pl.)*	Hose
audītus, *ūs m.*	Gehör		
Augustus, *a, um (adj.)*	August *(Monat)*	bracchium, *ī n.*	Arm
		brassica, *æ f.*	Kohl
aurāta, *æ f.*	Goldbrasse	brevis, *is, e*	kurz
aureus, *a, um*	golden	bucculentus, *a, um*	pausbäckig
aurifex, *ficis m.*	Goldschmied	būtȳrum, *ī n.*	Butter
aurīga, *æ m.*	Wagenlenker		
auris, *is f.*	Ohr	**C**	
auscultāre	hören	cadere, *cadō, cecidī, –*	fallen
auscultōrium, *ī n.*	Hörgerät		

GLOSSAR 147

sōl cadit	die Sonne geht unter (87)
Cæcubum, *ī n.*	Cäcuberwein
cælebs, *libis (adj.)*	unverheiratet (Mann)
cælum, *ī n.*	Himmel (27, 64, 89, 105); Wetter (63, 64, 90)
cæruleus, *a, um*	blau
Cæsar, *Cǽsaris m.*	Gaius Jūlius Cæsar; *als Titel:* Kaiser
calāmitās, *ātis f.*	Unglück
calamus, *ī m.*	Rohrfeder
calcar, *āris n.*	Sporn
calceus, *ī m.*	Schuh
calefacere, *calefaciō, fēcī, factum*	heizen
calidus, *a, um*	warm
cáliga, *æ f.*	Stiefel
calix, *icis m.*	Kelch
calor, *ōris m.*	Hitze
calva, *æ f.*	Schädel
calvus, *a, um*	kahl
campestre, *is n.*	kurze Hose
candidus, *a, um*	glänzend weiß
canere, *canō, cecinī, cantum*	singen
tībiā canere	Flöte spielen (73)
canis, *is c.*	Hund
Cantabrīgia, *æ f.*	Cambridge
cantāre	singen
cantharus, *ī m.*	Trinkpokal mit zwei großen Henkeln
cantus, *ūs m.*	Gesang
cānus, *a, um*	grau
capere, *capiō, cēpī, captum*	fangen
capillus, *ī m.*	Haar
capra, *æ f.*	Ziege
capsa, *æ f.*	Buchkasten
caput, *capitis n.*	Kopf
carduus, *ī m.*	Artischocke
cāritās, *ātis f.*	Wertschätzung
carmen, *inis n.*	Gedicht
carnōsus, *a, um*	fleischig
carō, *carnis f.*	Fleisch
carpentum, *ī n.*	Karren
carrūca, *æ f.*	Staatswagen
cāsa, *æ f.*	Hütte
cāseus, *ī m.*	Käse
castanea, *æ f.*	Kastanie
castra, *ōrum n. (Pl.)*	Lager
cāsus, *ūs m.*	Fall
catīnus, *ī m.*	Teller
cavēre, *cáveō, cāvī, cautum*	sich in Acht nehmen
celebrāre	feiern
celebrātiō, *ōnis f.*	Feier
cella, *æ f.*	Kammer
cēna, *æ f.*	Abendessen
cēnāre	zu Abend essen
cēnātiō, *ōnis f.*	Speisezimmer
centēnī, *æ, a*	je hundert
centum	hundert
cēpa, *æ f.*	Zwiebel
cērātus, *a, um*	gewachst
cernere, *cernō, crēvī, crētum*	sichten
certus, *a, um*	gewiß
cervīcal, *ālis n.*	Kissen
cervus, *ī m.*	Hirsch
cessāre	zögern
cēterī, *æ, a*	übrige
charta, *æ f.*	Papier
chiliogramma, *tis n.*	Kilogramm
chīrūrgus, *ī m.*	Chirurg
cibus, *ī m.*	Speise
cingere, *cingō, cīnxī, cīnctum*	gürten
cingulum, *ī n.*	Gürtel
cinis, *eris m.*	Asche
circēnsis, *is, e*	zum Zirkus gehörig
circiter	ungefähr
cirrātus, *a, um*	lockig
cīsōrium, *ī n.*	Schneidemaschine
cista, *æ f.*	Kiste
cīvitās, *ātis f.*	Bürgerschaft

clāmāre	rufen
clāmor, ōris m.	Lärm
clārus, a, um	hell; berühmt (104)
claudere, claudō, clausī, clausum	schließen
claustrum, ī n.	Schloss
clāvis, is f.	Schlüssel
clāvus, ī m.	Nagel
coāctor, ōris m.	Eintreiber
cochlea, æ f.	Schraube
cochlear, āris n.	Löffel (mit spitzem Ende)
cóffea, æ f.	Kaffee
cóffeæ sēmen	Kaffeebohne
cognātiō, ōnis f.	(Bluts)verwandtschaft
cognōscere, cognōscō, cognōvī, cógnitum	kennenlernen; (er)kennen (Perfekt)
colligere, colligō, lēgī, lēctum	das Gepäck zusammenpacken
collocāre	widmen
collum, ī n.	Hals
color, ōris m.	Farbe
cŏma, æ f.	Haar
comedere, cómedō, comēdī, comēsum	essen
cōmis, is, e	freundlich
commorārī, cómmoror, commorātus sum	verweilen
cōmœdia, æ f.	Komödie
compāctus, a, um	untersetzt
comparāre	verschaffen
comprehendere, comprehendō, prehendī, prehēnsum	ergreifen
comprimere, cómprimō, pressī, pressum	zusammendrücken
computātōrium, ī n.	Computer
cōnārī, cōnor, cōnātus sum	versuchen
cōnātus, ūs m.	Versuch
concīdere, concīdō, cīsī, cīsum	zerhacken
concubīnus, ī m.	Lebensgefährte
concupere, concupiō, –, –	erstreben
concursus, ūs m.	Zusammenprall
concursus exercítuum	Angriff
cōnficere, cōnficiō, fēci, fectum	backen
congelāre	einfrieren
cōnsequī, cōnsequor, cōnsecūtus sum	erreichen
cōnservāre	behalten
cōnstāns, antis (adj.)	beständig
cōnstare, cōnstō, stetī, statum	bestehen aus
cōnstituere, cōnstituō, stituī, stitūtum	hinstellen (32); abhalten (98)
cōnstitūtum est	steht (32)
cōnsuēscere, suēscō, suēvī, suētum	sich gewöhnen
cōnsul, sulis m.	Konsul
contemnere, contemnō, tempsī, temptum	verachten
contentus, a, um	zufrieden
conterere, cónterō, trīvī, trītum	abnutzen (46); zerdrücken (93)
continēre, contineō, tinuī, tentum	enthalten
contrā	gegenüber
convenīre, conveniō, vēnī, ventum	treffen
coorīrī, coorior, coortus sum	losbrechen
cōpula, æ f.	Koppel

GLOSSAR

coquere, *coquō, coxī, coctum*	kochen
coquus, *ī m.*	Koch
cor, *cordis n.*	Herz
corium, *ī n.*	Leder
corpus, *oris n.*	Körper
corruptus, *a, um*	verdorben
cothurnus, *ī m.*	Stiefel
cothurnus nartātōrius	Skistiefel (49)
crās	morgen
crassus, *a, um*	dick
creāre, *creō, creāvī, creātum*	erschaffen
creāre cōnsulēs	Konsuln wählen (41)
crēdere, *crēdō, crēdidī, crēditum*	glauben
crēscere, *crēscō, crēvī, crētus*	steigen, anwachsen
crīmen, *inis n.*	Verbrechen
crumēna, *æ f.*	Geldbeutel
crūs, *crūris n.*	Bein
crūstulum, *ī n.*	Süßigkeit
cubāre, *cubō, cubuī, cubitum*	ruhen (40), liegen (76)
cubiculum, *ī n.*	Schlafzimmer
cubitum, *ī n.*	Ellenbogen; Elle (Längenmaß) (99)
cúcumis, *meris m.*	Gurke
cui	dem; wem
cúlcita, *æ f.*	Matratze
culīna, *æ f.*	Küche
culter, *trī m.*	Messer
cultor, *ōris m.*	Fan
cum	während; mit; weil; als; obwohl; wenn
cūnctus, *a, um*	sämtlich
cúpidus, *a, um*	begierig
dominandī cúpidus	herrschsüchtig (56)
cūr	warum
cūra, *æ f.*	Sorge
cūram mittere	die Aufmerksamkeit sinken lassen (92)
cūrāre	sich kümmern
cūria, *æ f.*	Versammlungsgebäude
currus, *ūs m.*	Rennwagen (zweirädrig)
cūstōdia, *æ f.*	Wache
cūstōdīre, *cūstōdiō, īvī, ītum*	bewachen

D

damnum, *ī n.*	Schaden
damnum injūriæ	Vermögensschaden durch unrechtmäßige Handlung (108)
damnum pecūniæ	Geldstrafe
dare, *dō, dedī, datum*	geben
aliquid mūtuum dare	etwas verleihen (67)
dātum, *ī n.*	(Ausstellungs)datum
dē	von
decem	zehn
December, *bris, bre (adj.)*	Dezember
deciēs	zehnmal
deciēs centēna mīlia	eine Million
decimus, *a, um*	zehnter, -e, -es
dēclāmāre	laut vortragen
decōrus, *a, um*	anständig
dēcumbere, *dēcumbō, dēcubuī, dēcubitum*	sich hinlegen
decuriō, *ōnis m.*	Dekurio (militärischer Führer einer Zehnerschaft)
dēdecōrus, *a, um*	unanständig

dēesse, dēsum, dēfuī, –	fehlen
dēferre, dēferō, dētulī, dēlātum	anzeigen
dēfōrmis, is, e	hässlich
dēgere, dēgō, –, –	verbringen
deinde	danach
dēns, dentis m.	Zahn
dēnsus, a, um	dicht
dēprehendere, dēprehendo, dēprehendī, dēprehēnsum	erwischen
dēprehēnsus, a, um	ertappt
dēscrībere, dēscrībo, dēscrīpsi, dēscrīptum	beschreiben
dēsīderāre	wünschen
dēverrere, dēverrō, dēverrī, dēversum	wegkehren
dextrōrsum	nach rechts
dīcere, dīcō, dīxī, dictum	sagen
diēs, diēī m. (f.)	Tag (Termin)
diēs fēstus	Festtag (12, 110)
diē Lūnæ	am Montag (12)
diēs Lūnæ	Montag (12)
diēs Mārtis	Dienstag (12)
diēs Mercūriī	Mittwoch (12)
diēs Jovis	Donnerstag (12)
diēs Veneris	Freitag (12)
diēs Sāturnī	Samstag (12, 97)
diēs Sōlis	Sonntag (12)
digitus, ī m.	Finger
digitābulum, ī n.	Fingerhandschuh
dīligenter	gewissenhaft
dīligere, dīligō, dīlēxī, dīlēctum	lieben
dīmidius, a, um	halber, -e, -es
discere, discō, didicī, –	lernen
discophōnum, ī n.	CD-Spieler
dispār, dísparis	ungerade
diurnus, a, um	täglich
diūturnus, a, um	lange dauernd
dīversē	in verschiedene Richtungen
dōdrāns, antis m.	drei Viertel
dolēre, doleō, doluī, –	leid tun (16)
doliārium, ī n.	Weinkeller
domina, æ f.	Herrin
domināre	beherrschen
dominus, ī m.	Herr
domus, ūs f.	Haus
domī	zu Hause
domō	von zu Hause
domum	nach Hause
dormīre, dormiō, dormīvī, dormītum	schlafen
dubitāre	zweifeln
dubium, ī n.	Zweifel
dūcere, dūcō, dūxī, ductum	führen
nāvem dūcere	ein Schiff steuern (92)
uxōrem dūcere	heiraten (92)
dulcis, is, e	süß
dum	während
duo, duæ, duo	zwei
duodecim	zwölf
duodecimus, a, um	zwölfter, -e, -es
duodētrīgintā	achtundzwanzig
duodēvīgintī	achtzehn
dūrus, a, um	hart

E

ēdictum, ī n.	Verordnung
effodēre, effodiō, effōdī, effossum	ausgraben
ei	ihm
ēlectricus, a, um	elektrisch
ēloquentia, æ f.	Redegewandtheit
ēluere, éluō, éluī, ēlūtum	abwaschen
emblēma, atis n.	Einlegearbeit
emere, emō, ēmī, ēmptum	kaufen

enim	nämlich	exsurdāns, antis	taub machend
ephippium, ī n.	Sattel	extendere, extendō, extendī, extentum (tēnsum)	dehnen
epistula, æ f.	Brief		
equester, tris, tre	die Reiterei betreffend		
		extorsio, ōnis f.	Erpressung
equus, ī m.	Pferd	extrā	außer
ergō	infolgedessen		
ēripere, ēripiō, ēripuī, ēreptum	wegreißen	**F**	
		faba, æ f.	Bohne
ērogāre	ausgeben	faber, fabrī m.	Handwerker
errāre	irren	faber lignārius	Tischler (5)
ēsca, æ f.	Essen	fābula, æ f.	Geschichte
Ēsquiliæ, ārum f. (Pl.)	esquilinischer Hügel, Esquilin	facere, faciō, fēcī, factum	machen, herstellen
esse, sum, fuī, –	sein	castra facere	das Lager aufschlagen (92)
est	ist		
et	und; auch (86)	iter facere	eine Reise machen (58)
etiam	auch; ja (12, 105); noch (83)		
		pecūniās facere	Geld verdienen (67, 92)
etsī	wenn auch		
ex	aus	facētia, æ f.	Witz
exceptāculum, ī n.	(Telefon)hörer	faciēs, iēī f.	Gesicht
excipere, excipiō, cēpī, ceptum	ausnehmen	Falernum, ī n.	Falernerwein
		fallere, fallō, fefellī, –	täuschen
excitāre	aufwecken		
exercēre, exerceō, cuī, citum	üben; ausüben (25, 67)	falsus, a, um	falsch
		fāma, æ f.	Ruhm; Ruf (109)
exercēre artem	einen Beruf ausüben (29, 67, 97)	famēs, is f.	Hunger
		familiāris, is, e	zur Familie gehörig
		farcīmen, inis n.	Wurst
exercitus, ūs m.	Heer	farīna, æ f.	Mehl
exhaurīre, exhauriō, hausī, haustum	ausleeren	fatīgāre	ermüden
		fātum, ī n.	Schicksal
		favēre, fáveō, fāvī, fautum	begünstigen
exhibēre, exhíbeō, hibuī, hibitum	zeigen		
		Februārius, a, um (adj.)	Februar
exīre, éxeō, exīvī, éxitum	hinausgehen		
		fel, fellis n.	Galle
bracchium in manum exit	der Arm erstreckt sich bis zur Hand (88)	fēlēs, is f.	Katze
		fēlīx, īcis (adj.)	glücklich
		fenestra, æ f.	Fenster
exīstimātor, oris m.	Kritiker	fēriæ, ārum f. (Pl.)	Ferien
exitus, ūs m.	Ausgang	ferre, ferō, tulī, lātum	tragen; bringen (12, 77); antun (49 VP)
exstinguere, exstinguō, tīnxī, tīnctus	(aus)löschen		

onus ferre	eine Last tragen (92)
suffrāgium ferre	wählen (12, 92)
fēstus, ī m.	Fest (71, 82)
fēstus, a, um	festlich (12)
fīdus, a, um	treu
fierī, fīō, factus sum	geschehen
fīgere, fīgō, fīxī, fīctum	anheften; einschlagen (80)
fīlia, æ f.	Tochter
fīlius, i m.	Sohn
fīlum, ī n.	Faden
fīnis, is m.	Ende
flāre	blasen
flāvus, a, um	gelb
flōs, flōris m.	Blume
fōcāle, is n.	Halstuch
focus, ī m.	Herd
fœderātus, a, um	verbündet
fœdus, a, um	scheußlich
fœtidus, a, um	stinkend
folium, ī n.	Blatt
forēs, ium f. (Pl.)	Tür
forfex, icis f.	Schere
forīs	draußen
fōrma, æ f.	Form, Gestalt
fōrmōsus, a, um	schön
fortāsse	vielleicht
forum, ī n.	Marktplatz
forum holitōrium	Gemüsemarkt (70)
forum piscārium	Fischmarkt (70)
fovea, æ f.	Falle
frāgum, ī n.	Erdbeere
Francofurtēnsis, is, e	zu Frankfurt gehörig
Francogallus, a	Franzose (Französin)
frangere, frangō, frēgī, frāctum	zerbrechen
frīgidārium, ī n.	Kühlschrank
frīgidus, a, um	kalt
frīgus, oris n.	Kälte
frūctus, ūs m.	Frucht; Ertrag (92)
frūmentum, ī n.	Getreide
frūstulum, ī n.	Stückchen
fugere, fugiō, fūgī, –	fliehen
fūmāre	rauchen
fūr, fūris c.	Dieb
fūrārī, fūror, fūrātus sum	stehlen
fuscus, a, um	braun
fūstis, is m.	Knüppel

G

gallus, ī m.	Hahn
garrīre, garriō, garrīvī, garrītum	plaudern
garum, ī n.	Fischsoße
gaudēre, gaudeo, gavīsus sum	sich freuen
genū, ūs n.	Knie
gerere, gerō, gessī, gestum	tragen
bellum gerere	Krieg führen (87)
sē gerere	sich benehmen (29)
negōtia gerere	Geschäfte betreiben (67)
Germānus, a	Deutscher, -e
gestāre	tragen
glaciēs, iēī f.	Eis
gladiātor, ōris m.	Gladiator
gnārus, a, um	kundig
gracilis, is, e	dünn
gradus, ūs m.	Schritt
grandināre	hageln
grandis, is, e	groß
grandō, grandinis f.	Hagel
grātiā	wegen
dīs grātiā	den Göttern sei Dank
gravāre	bedrängen
gunna, æ f.	Rock
gūstāre	schmecken; genießen (29, 72); kosten, probieren (93)
gūstus, ūs m.	Geschmack; Geschmackssinn

GLOSSAR

gymnicus, a, um	zum Sport gehörig

H

habēna, æ f.	Zügel
habēre, habeō, habuī, habitum	haben
male sē habēre	sich in einem schlechten Zustand befinden
habitāre	wohnen
habitātiō, ōnis f.	Wohnung
habitātōrius, a, um	zur Wohnung gehörig
hāc	auf diesem Weg
haurīre, hauriō, hausī, haustum	aufsammeln
haustrum, ī n.	Schöpf- oder Saugmaschine
haustrum pulveris	Staubsauger (52, 80)
herba, æ f.	Pflanze
herī	gestern
hesternus, a, um	gestrig
heus	holla! (Ausruf)
hībernus, a, um	winterlich
hīc	hier
hic, hæc, hoc	dieser, -e, -es
hiems, hiemis f.	Winter
hieme	im Winter
hirundō, hirundinis f.	Schwalbe
Hispānus, a	Spanier(in)
historia, æ f.	Geschichte
historicus, a, um	historisch
hodiē	heute
holus, holeris n.	Gemüse
homō, hominis m.	Mensch
homō movēns	aktiver Mensch (17)
homō sedentārius	passiver Mensch (17)
honestus, a, um	ehrenhaft
honor, honōris m.	Loblied
hōra, æ f.	Stunde
Hōra sexta minuta decima est.	Es ist sechs Uhr und zehn Minuten. (6)
Hōra tertia et dōdrāns est.	Es ist Viertel vor vier. (6)
hōrologium, ī n.	Uhr
hortus, ī m.	Park
hospitium, ī n.	Unterkunft
hūc	hierher
hūmānus, a, um	menschlich
humī	auf dem Boden
humilis, is, e	niedrig

I

ibī	dort
īdem, éadem, idem	derselbe, dieselbe, dasselbe
Īdūs, Īduum f.	Iden (dreizehnter bzw. fünfzehnter Tag eines Monats)
ignis, is m.	Feuer
ille, illa, illud	jener, -e, -es
illēgítimus, a, um	unrechtmäßig
illitterātus, a, um	ungebildet
illūstris, is, e	berühmt
imāgō, imāginis f.	Bild
imbēcillus, a, um	schwach
imber, imbris m.	Platzregen
immānis, is, e	ungeheuer
immātūrus, a, um	unreif
immō vērō	aber nein doch
imparātus, a, um	unvorbereitet
impedīmentum, ī n.	Hindernis
imperfectum, ī n.	Imperfekt
imperium, ī n.	Befehl
summum imperium	Oberbefehl (77)
impingere, impingō, pēgī, pāctum	gegen etwas schlagen
implēre, impleō, plēvī, plētum	füllen; einsetzen (111)
impōnere, impōnō, posuī, positum	einpacken

in	in; auf; nach	interdum	bisweilen
incendium, *ī n.*	Brand	interesse, *intérsum,*	teilnehmen
inceptum, *ī n.*	Beginn	*intérfuī, –*	
incertus, *a, um*	ungewiß	interitus, *ūs m.*	Untergang
incidere, *íncidō, íncidī, –*	hineinfallen	interrogāre	befragen
		intrāre	eintreten
incipere, *incipiō, cœpī, inceptum*	beginnen	intrōdūcere, *intrōdūcō, dūxī, ductum*	hineinführen
incolere, *íncolō, coluī, cultum*	bewohnen	introīre, *intróeō, īī, itum*	eintreten
incōnstāns, *antis*	unbeständig	intróitus, *ūs m.*	Einfahrt
index, *icis c.*	Verzeichnis	intus	innen
indicāre	anzeigen	inurbānus, *a, um*	unhöflich
induere, *índuō, índuī, indūtum*	anziehen	invenīre, *inveniō, vēnī, ventum*	finden
togā indūtus esse	mit einer Toga bekleidet sein (28)	inventiō, *ōnis f.*	Erfindung
		invicem	wechselseitig
industria, *æ f.*	Fleiß	invītāre	einladen
ineptus, *a, um*	untauglich	ipse, *ipsa, ipsum*	(er, sie, es) selbst
inesse, *īnsum, īnfuī, –*	darin sein	īre, *eō, īvī, itum*	gehen
		īre ambulātum	spazieren gehen (17)
īnfāns, *antis c.*	kleines Kind		
īnfantulus, *ī m.*	Säugling	īre cubitum	Schlafen gehen (40)
ingenium, *ī n.*	Verstand		
inhabitāre	bewohnen	īre in somnum	einschlafen (17)
inimīcus, *a, um*	feindlich gesinnt	irratiōnālis, *is, e*	unvernünftig
initium, *ī n.*	Anfang	is, ea, id	der, die, das; der-, die-, dasjenige; er, sie, es
injūria, *æ f.*	Unrecht		
īnscrībere, *īnscrībō, scrīpsī, scrīptum*	hineinschreiben		
		ita	so; so sehr (90, 103); ja (45)
īnsistere, *īnsistō, stitī, –*	anhalten	Italia, *æ f.*	Italien
		Ítalus, *a*	Italiener(in)
īnsomnia, *æ f.*	Schlaflosigkeit	iter, *itineris n.*	Reise
īnstāre, *īnstō, stetī, –*	nahe bevorstehen	iterum	wieder
īnsula, *æ f.*	Mietskaserne	**J**	
īnsulsus, *a, um*	geschmacklos	jacēre, *jaciō, jēcī, jactum*	liegen
integer, *gra, grum*	unversehrt; ganz (93)		
		jam	schon
inter	zwischen; unter (93)	jānua, *æ f.*	Haustür
		Jānuārius, *a, um (adj.)*	Januar
interdīcere, *interdīcō, dīxī, dictum*	untersagen, verbieten		
		jentāculum, *ī n.*	Frühstück

jubēre, júbeō, jussī, jussum	befehlen	lavāre, lāvō, lāvī, lautum	waschen
jūcundus, a, um	angenehm	lavārī, lavor, lavātus sum	sich waschen
jūdex, jūdicis m.	Richter	lectīca, æ f.	Sänfte
Jūlius, a, um (adj.)	Juli	lectus, is m.	Bett; Speisesofa (22)
Jūnius, a, um (adj.)	Juni		
Juppiter, Jovis m.	Jupiter	lectus conjugālis	Ehebett (52)
jūsculum, ī n.	Suppe	legere, legō, lēgī, lēctum	lesen
juxtā	neben		
		ossa legere	Knochen einsammeln (87)

K

Kaffēnsis, is, e	zu Kaffa gehörig
Kalendæ, ārum f. (Pl.)	Kalenden (der erste Tag eines Monats)

lēgítimus, a, um	rechtmäßig
lembus, ī m.	Barke
lēns, lentis f.	Linse
leō, leōnis m.	Löwe
lepus, leporis m.	Hase

L

lābellum, ī n.	Waschbecken	lēvis, is, e	glatt; bartlos (34)
labōrāre	arbeiten	leviter	leicht
labrum, ī m.	Lippe	lēx, lēgis f.	Gesetz
lac, lactis n.	Milch	libenter	gern
lacerna, æ f.	Regenmantel	liber, librī m.	Buch
lætitia, æ f.	Freude	līberālís, is, e	frei
láganum, ī n.	Lasagne (eine Art römischer Schichtkuchen)	līberāre	befreien
		libra, æ f.	Pfund
		licet	es ist erlaubt
lagœna, æ f.	Flasche (dickbauchig)	licitātiō, ōnis f.	Gebot
		lignārius, a, um	zum Holz gehörig
lambere, lambō, lambī, lambitum	lutschen	ligula, æ f.	Löffel
		linter, lintris f.	Kahn
lāmina, æ f.	Blech	littera, æ f.	Buchstabe
lampas, lampadis f.	Lampe	litteræ, ārum f. (Pl.)	Bildung
lāneus, a, um	aus Wolle	litterātus, a, um	gebildet
laniārium, ī n.	Fleischbank	litus, litoris n.	Strand
laniō, laniōnis m.	Fleischer	locus, ī m.	Ort; Platz (16, 45)
larārium, ī n.	Hausgötterschrein	locus nātālis	Geburtsort (8)
largus, a, um	freigebig	Londiniēnsis, is, e	zu London gehörig
Latīnitās, ātis f.	lateinische Sprache	Londinium, ī n.	London
		longus, a, um	lang
lātrāre	bellen	loquāx, loquācis (adj.)	geschwätzig
lātrīna, æ f.	Kloake		
lātus, a, um	breit	loquī, loquor, locūtus sum	sprechen
laudāre	loben		
laureātus, a, um	lorbeerbekränzt		
lavābrum, ī n.	Badewanne	lucerna, æ f.	Leuchte

lūdere, *lūdō, lūsī, lūsum* — spielen
lūdus, *ī m.* — Spiel
  lūdī circēnsēs — Zirkusspiele (12)
lūmen, *minis n.* — Leuchte
  lūmen ēlectricum — Glühbirne (79)
lūna, *æ f.* — Mond
lupus, *ī m.* — Wolf
lūstrāre — weihen
Lutētia, *æ f.* — Paris
Lūtētiēnsis, *is, e* — pariserisch
lūx, *lūcis f.* — Licht

M

macer, *cra, crum* — mager
māchina, *æ f.* — Maschine
  māchina ēlūtōria — Geschirrspüler
  māchina lavātōria — Waschmaschine
  māchina mixtōria — Mixer
  māchinæ ēlectricæ — elektrische Maschinen
madidus, *a, um* — nass
mæniānum, *ī n.* — Balkon
magis — mehr
magister, *strī m.* — Lehrer
  lūdī magister — Schullehrer
magistrātus, *ūs m.* — Staatsbeamter; Obrigkeit (110)
magnitūdō, *inis f.* — Größe
magnus, *a, um* — groß
majōrēs, *um m. (Pl.)* — Vorfahren
majus, *a, um* — größer
Majus, *a, um (adj.)* — Mai
male — schlecht
mālle, *mālō, māluī, –* — lieber wollen
malleus, *ī m.* — Hammer
mālum, *ī n.* — Apfel
mālus, *ī f.* — Apfelbaum
malus, *a, um* — schlecht, böse
mammāta, *ōrum n. (Pl.)* — Brause
mandāre — übergeben

manēre, *maneō, mānsī, mānsum* — bleiben
manus, *ūs f.* — Hand
manūtergium, *ī n.* — Handtuch
mappa, *æ f.* — Serviette
mare, *maris n.* — Meer
marīnus, *a, um* — zum Meer gehörig
marítimus, *a, um* — Meer-, See-
marītus, *ī m.* — Ehemann
Mārs, *Mārtis m.* — Mars
marsuppium, *ī n.* — Geldbörse
Mārtius, *a, um (adj.)* — März
māter, *mātris f.* — Mutter
māteria, *æ f.* — Stoff
mātertera, *æ f.* — Tante (Mutterschwester)
Matrītēnsis, *is, e* — zu Madrid gehörig
Matrītum, *ī n.* — Madrid
mātrīx, *trīcis f.* — Schraubenmutter
mātūrus, *a, um* — reif
mātūtīnus, *a, um* — morgendlich
maximē — überaus
mē — mich
medērī, *medeor, –* — heilen
medicīna, *æ f. (ars)* — Heilkunst, Medizin (25, 86)
medicus, *ī m.* — Arzt
medióscriter — mäßig
Mediōlānum, *ī n.* — Mailand
  Mediōlānī — in Mailand
medius, *a, um* — mittlerer, -e, -es
  mediā in viā — mitten auf der Straße
mel, *mellis n.* — Honig
membrum, *ī n.* — Glied
memoria, *æ f.* — Erinnerung (71); Gedächtnis (111)
memoriter — auswendig
mēnsa, *æ f.* — Tisch
mēnsis, *is m.* — Monat
mephītis, *is f.* — Stinktier
mercēs, *ēdis f.* — Lohn
Mercūrius, *ī m.* — Merkur
merērī, *méreor, méritus sum* — verdienen

GLOSSAR 157

merīdiēs, *iēī m.*	Mittag(szeit)
meritō	zu Recht
merum, *ī n.*	unvermischter Wein
merx, *mercis f.*	Ware
metere, *metō, messuī, messum*	schneiden
mētīrī, *mētior, mēnsus sum*	messen
meus, *a, um*	meiner, -e, -es
mihī	mir
mīlia *(Pl.)*	tausend(e)
mīliēs	tausendmal
mīlitāris, *is, e*	den Krieg betreffend
mīlle	tausend
minārī, *minor, minātus sum*	drohen
minimē	keineswegs
minimus, *a, um*	niedrigster, -e, -es
minister, *strī m.*	Diener
minor	geringer
minūta, *æ f.*	Minute
mīrārī, *mīror, mīrātus sum*	sich wundern
mīrus, *a, um*	wunderbar
missa, *æ f.*	Messe
mittere, *mittō, mīsī, missum*	schicken
cūram mittere	die Aufmerksamkeit sinken lassen (92)
epistulam mittere	einen Brief schicken (92)
modus, *ī m.*	Maß
mœnia, *ium n. (Pl.)*	Stadtmauer
mola, *æ f.*	Mühlstein
mōlīrī, *mōlior, mōlītus sum*	unternehmen
mollis, *is, e*	weich
Monacēnsis, *is, e*	münchnerisch
monachus, *ī m.*	Mönch
Monasterium, *ī n.*	Münster
monēre, *eō, uī, itum*	ermahnen
monīle, *is n.*	Halsband
mōns, *montis m.*	Berg
morī, *morior, mortuus sum*	sterben
mors, *mortis f.*	Tod
movēre, *moveō, mōvī, mōtum*	bewegen
animum movēre	den Geist bewegen (92)
caput movēre	den Kopf bewegen (92)
mulcēre, *mulceō, mulsī, mulsum*	streicheln
mulier, *mulíeris m.*	Frau
mullus, *ī m.*	Barbe
mulsum, *ī n.*	Honigwein
multiplex, *plicis*	vielfältig
multum	viel
multus, *a, um*	viel
ad multum diem	bis zum Abend (84)
mūlus, *ī m.*	Maultier
mūs, *mūris m.*	Maus
musca, *æ f.*	Fliege
mūsēum, *ī n.*	Studierzimmer
mūsica, *æ f.*	Musik
mūtāre	vertauschen
mūtātiō, *ōnis f.*	Veränderung
mystērium, *ī n.*	Geheimnis

N

nam	denn
narrāre	erzählen
narta, *æ f.*	Ski
nartāre	Ski fahren
nartātōrius	zum Skifahren gehörig
nāsus, *ī m.*	Nase
nātālis, *is, e*	zur Geburt gehörig; Geburtstag
diēs nātālis	Geburtstag (8, 43)
Chrīstī nātālis, *is m.*	Weihnachten
natātiō, *ōnis f.*	Schwimmen
nātiō, *ōnis f.*	Nation

nātūra, æ f.	Natur	nōn	nicht; nein (12)
nātus, a, um	geboren	nōngentēsimus, a, um	neunzigster, -e, -es
vīgintī annōs nātus esse	zwanzig Jahre alt sein (76)	nōngentī, æ, a	neunhundert
nauarchus, ī m.	Kapitän	nōnne	nicht? *(Fragepartikel)*
naufrāgium, ī n.	Schiffbruch		
nausea, æ f.	Langeweile	nōnnumquam	manchmal
nāvis, is f.	Schiff	noster, tra, trum	unserer, -e, -es
nē	dass nicht	nōtus, a, um	bekannt
ne	*(angehängte Fragepartikel)*	novem	neun
		November, bris, bre *(adj.)*	November
nebula, æ f.	Nebel		
nebulōsus, a, um	neblig	nox, noctis f.	Nacht
nec ... nec	weder ... noch	nūbēs, is f.	Wolke
necesse	notwendig	nūbilis, is, e	heiratsfähig *(Frau)*
neglegēns, entis	unachtsam	nūbilus, a, um	bewölkt
negligenter	nachlässig	nūgæ, ārum f. *(Pl.)*	Dummheiten
negōtium, ī n.	Geschäft	nūllus, a, um	keiner, -e, -es
nēmō, nēminis c.	niemand	num	etwa *(Fragepartikel)*; ob (83, 84)
nemus, nemoris n.	Hain		
nepōs, nepōtis m.	Enkel	nūmen, inis n.	Gottheit
neptis, is f.	Enkelin	numerāre	zählen
nervus, ī m.	Sehne	numerus, ī m.	Zahl; Nummer (23); Anzahl (107)
nescīre, nesciō, scīvī, scītum	nicht wissen		
		numerus tēlephōnicus	Telefonnummer (23)
neuter, tra, trum	keiner *(von beiden)*	nummus, ī m.	Geldstück, Münze
niger, gra, grum	glänzend schwarz; dunkel (34)	nummī, ōrum m. *(Pl.)*	Geld (81, 87)
nihil	nichts	numquam	niemals
nihil nisi	nur	nunc	jetzt
nimis, is, e	allzu	nūndinæ, ārum f. *(Pl.)*	Markttag
ningere, ningo, ninxī, –	schneien		
		nūper	neulich
nisi	wenn nicht		
nītī, nītor, nīsus sum	sich stützen auf	**O**	
		ob	wegen
niveus, a, um	schneeweiß	objicere, objiciō, jēcī, jectum	entgegenwerfen
nix, nivis f.	Schnee		
nōbilis, is, e	edel	objicere forēs	die Tür zuschlagen (46)
nōbīs	uns		
noctū	nachts	obligāre	anbinden
nocturnus, a, um	nächtlich	oblīvīscī, oblīvīscor, oblītus sum	vergessen
nōlle, nōlō, nōluī, –	nicht wollen		
nōmen, inis n.	Name	obsecrāre	anflehen
nōmināre	nennen	obsōnium, ī n.	Lebensmittel

occlūdere, *occlūdō, clūsī, clūsum*	verschließen	ōs, *ōris n.*	Mund
		os, *ossis n.*	Knochen
		ōscitāre	gähnen
octāvus, *a, um*	achter, -e, -es	ōvātus, *a, um*	oval
octingentī, *æ, a*	achthundert	ovīlla, *æ f.*	Schaffleisch
octō	acht	ovis, *is f.*	Schaf
Octōber, *bris, bre (adj.)*	Oktober	ōvum, *ī n.*	Ei
		Oxōnium, *ī n.*	Oxford
oculus, *ī m.*	Auge	oxygala, *æ f.*	Buttermilch
ōdisse, *ōdī*	hassen		

P

odium, *ī n.*	Widerwille	pabō, *ōnis f.*	Schubkarren
odiō esse alicui	jmd. lästig sein (29)	pælex, *icis f.*	Geliebte
		pænula, *æ f.*	Reisemantel
odor, *ōris m.*	Geruch	palæstra, *æ f.*	Sportplatz, Sporthalle
odōrārī	riechen		
officīna, *æ f.*	Werkstatt (7); Büro (84)	palla, *æ f.*	Damenmantel
		pallidus, *a, um*	blass
olēre, *oleō, oluī, –*	stinken	pallium, *ī n.*	Mantel
olfactus, *ūs m.*	Geruchssinn	palpāre	tasten
ōlla, *æ f.*	Topf	palūdāmentum, *ī n.*	Feldherrnmantel
ōmen, *inis n.*	Omen, Vorzeichen		
omnīnō	überhaupt	pānis, *is m.*	Brot
omnis, *is, e*	ganzer, -e, -es; alle	pantomīmus, *ī m.*	Pantomime
onus, *eris n.*	Last	pār, *paris*	gerade
opera, *æ f.*	Mühe	parātus, *a, um*	vorbereitet
operam dare	sich Mühe geben	parentēs, *parentum m. (Pl.)*	Eltern
operārī	arbeiten		
operārius, *ī m.*	Arbeiter	parere, *pariō, peperī, partum*	gebären
operculum, *ī n.*	Deckel		
oportet	es ist nötig	páriēs, *paríetis m.*	Wand
oppidum, *ī n.*	Stadt	pars, *partis f.*	Teil; Partei (86); Rolle (102)
oppositus, *a, um*	entgegengesetzt		
optimē	bestens	participium, *ī n.*	Partizip
optimus, *a, um*	bester, -e, -es	particula, *æ f.*	Teilchen
opus, *operis n.*	Werk; Arbeit	parvus, *a, um*	klein
opus est	es ist nötig (20)	pascha, *paschātis n.*	Ostern
ōrātiō, *ōnis f.*	Rede		
ōrātor, *ōris m.*	Redner	passer, *eris m.*	Spatz
orbis, *is m.*	Kreis	passus, *ūs m.*	(Doppel)schritt
orbis terrārum	Welt	pāstor, *ōris m.*	Hirte
ordō, *inis m.*	Reihenfolge	pater, *patris m.*	Vater
oriēns, *entis m.*	Osten	patientia, *æ f.*	Geduld
orīrī, *órior, ortus sum*	entstehen	pátina, *æ f.*	Schüssel *(klein)*
		patrāre	vollbringen
ōrnāre	schmücken		
ortus, *ūs m.*	Aufgang		

patruus, ī m.	Onkel (Vaterbruder)
paulum	ein wenig
paululum	ein klein wenig
pausa, æ f.	Pause
pavīmentum, ī n.	Fußboden
pecten, inis m.	Kamm
pecūnia, æ f.	Geld
pecūniæ familiārēs	Privatvermögen
pecūniārius, a, um	zum Geld gehörig
pedifollium, ī n.	Fußball
pellis, is f.	Fell
pēnsum, ī n.	Aufgabe
percurrere, percurrō, percurrī, percursum	überfliegen
perdere, perdō, didī, ditum	ruinieren
perfectum, ī n.	Perfekt
pergere, pergō, perrēxī, perrēctum	weitergehen
perīculum, ī n.	Gefahr
perīculum superāre	eine Prüfung bestehen (84)
subīre perīculum	eine Prüfung haben (12)
perinde	ebenso
perītus, a, um	erfahren
permultus, a, um	sehr viel
perna, æ f.	Schinken
perspicillum, ī n.	Brille
pervulgāre	bekannt machen
pēs, pedis m.	Fuß
pēs quadrātus	Quadratfuß (Flächenmaß)
petasus, ī m.	Hut
petere, petō, petīvī, petītum	erstreben; hingehen (72, 84); bitten um (103)
peto Bērōlīnum	ich reise nach Berlin (58)
philósophus, ī m.	Philosoph
piger, gra, grum	faul
pila, æ f.	Ball
pīlentum, ī n.	Kutsche
pilōsus, a, um	behaart
pingere, pingō, pīnxī, pictum	malen
pinguis, is, e	dick
pinna, æ f.	Flosse
pīrāta, æ f.	Seeräuber
pirum, ī n.	Birne
piscātor, ōris m.	Fischer
piscātus, ūs m.	Fang
piscis, is m.	Fisch
pīstor, ōris m.	Bäcker
pīstrīnum, ī n.	Bäckerei
placenta, æ f.	Kuchen
placēre, placeō, placuī, placitum	gefallen
placidus, a, um	sanft (55); gemütlich (72)
planta, æ f.	Pflanze
plaudere, plaudō, plausī, plausum	Beifall klatschen
plaustrum, ī n.	Lastwagen
plēnus, a, um	voll
plōrāre	weinen
pluere, pluō, pluī, –	regnen
plūrimum	hauptsächlich
plūs	mehr
pluvia, æ f.	Regen
pōculum, ī n.	Becher
pœna, æ f.	Strafe
pœna pecūniāria	Geldstrafe
poēta, æ m.	Dichter
pollēns, entis (adj.)	mächtig
pollex, icis m.	Daumen
pollis, inis m. f.	Mehl
pōmum, ī n.	Obst
pondus, eris n.	Gewicht
pōnere, pōnō, posuī, positum	stellen; legen (90)
porcus, ī m.	Schwein
porrigere, pórrigō, rēxī, rēctum	ausstrecken
porrō	vorwärts
porta, æ f.	Tür, Tor
portōrium, ī n.	Zollabgabe

GLOSSAR 161

portus, ūs m.	Hafen
pōscere, pōscō, popōscī, –	fordern
posse, possum, potuī, –	können
post	nach
postquam	nachdem
potestās, ātis f.	Macht
pōtiō, ōnis f.	Getränk
pōtiuncula, æ f.	Tränkchen
potius	lieber
pōtus, ūs m.	Trank
præbēre, præbeō, buī, bitum	bieten
sē præbēre	sich erweisen als (102)
præceptor, ōris m.	Lehrer
præcipitāre	hinausstürzen
præclārus, a, um	hochberühmt
præcō, ōnis m.	Ausrufer
prædō, ōnis m.	Räuber
prædictiō, ōnis f.	Vorhersage
præfectus, ī m.	Vorgesetzter
prælēctiō, ōnis f.	Vorlesung
prænōmen, inis n.	Vorname
præsēns, entis	gegenwärtig
præsertim	besonders
præteritus, a, um	vergangen
prætorium, ī n.	kaiserliche Leibwache
prāndēre, prāndeō, prānsī, prānsum	Mittag essen
prānsum īre	zum Mittagessen gehen (101)
pretium	Preis
pretium redēmptiōnis	Lösegeld (100)
prex, precis f.	Gebet
prīmus, a, um	erster, -e, -es; zuerst (93)
pristis, is f.	Haifisch
prō	für
proavia, æ f.	Urgroßmutter
proavus, ī m.	Urgroßvater
prōcēdere, prōcēdō, cessī, cessum	vorangehen
procella, æ f.	Sturm
procella equestris	Reiterangriff (78)
prōcērus, a, um	hochgewachsen
prōcūrāre	besorgen
prōferre, prōferō, tulī, lātum	hervorbringen
professiō, ōnis f.	Beruf
prohibēre, prohibeō, hibuī, hibitum	verbieten
pronepōs, ōtis m.	Urenkel
prōnōmen, prōnōminis n.	Pronomen
prōnūntiāre	hersagen
prōnūntiātiō, ōnis f.	Aussprache
prope	nahe
propinquus, a, um	nahe
proptereā	deswegen
proprius, a, um	eigen
prosperus, a, um	glücklich
prōverbium, ī n.	Sprichwort
prūdēns, entis	klug
psíttacus, ī m.	Papagei
psíttacus erithacus	Graupapagei
pūblicus, a, um	öffentlich
puella, æ f.	Mädchen
puer, puerī m.	Junge; Kind (106)
pugillārēs, ium m. (Pl.)	Notizbuch
pugna, æ f.	Schlacht
pugna Actíaca	Schlacht von Actium (38)
pugnāre	kämpfen
pulcher, chra, chrum	schön
pullus, ī m.	Hühnchen
puls, pultis f.	Brei
pulver, eris n.	Staub
putāre	meinen
puter, tris, tre	verwest
putus, a, um	geputzt

Q

quadrāgēsimus, a, um	vierzigster, -e, -es
quadrāgintā	vierzig
quadrāns, antis m.	Viertel
quadrātus, a, um	viereckig
quadringentī, æ, a	vierhundert
quadrum, ī n.	Quadrat
quadrum vīsíficum	Bildschirm (79)
quærere, quærō, quæsīvī, quæsītum	suchen; fragen (105)
quæsō	bitte
quālis, is, e	was für einer, -e, -es; wie beschaffen (76)
quam	als (17 VP, 34); wie (54, 89)
quam pulcherrimum	wie schön (89)
quandō	wann
quantus, a, um	wie groß
quārtus, a, um	vierter, -e, -es
quasi	als ob
quaternī, æ, a	je vier
quattuor	vier
quattuordecim	vierzehn
que	und *(angehängt)*
queribundus, a, um	zum Klagen geneigt
quī, quæ, quod	welcher, -e, -es; der, die, das
quia	weil
quid	was
quīdam, quædam, quoddam	ein gewisser
quidem	zwar
quiēs, iētis f.	Ruhe
quīndecim	fünfzehn
quīngentī, æ, a	fünfhundert
quīnque	fünf
quīntus, a, um	fünfter, -e, -es
quis, quid	wer, was
quisquam, quæquam, quidquam (quicquam)	irgendeiner, -e, -es
quisque, quidque	jeder, jedes
quisque, quæque, quodque *(adj.)*	jeder, jede, jedes
quō	wohin
quōmodo	wie
quondam	einst
quot	wie viele
quotannīs	jährlich
quotquot	wie viel auch immer

R

rādīx, īcis f.	Wurzel
ræda, æ f.	(Reise)wagen
rædārius, ī m.	Kutscher (62); Fahrer (101)
rāmentum, ī n.	Stückchen
rāmentum sulphurātum	Streichholz
rāna, æ f.	Frosch
rapere, rapiō, rapuī, raptum	rauben
raptus, ūs m.	Entführung
ratiōnālis, is, e	vernünftig
recēns, entis *(adj.)*	frisch
recitāre	vortragen
reddere, reddō, reddidī, rédditum	zurückgeben; machen (109)
frūctum reddere	Ertrag abwerfen (92)
animum attentum reddere	den Geist in einen aufmerksamen Zustand versetzen (93)
redēmptiō, ōnis f.	Freilassung
redimere, rédimō, ēmī, ēmptum	freikaufen
redīre, rédeō, redīvī, reditum	zurückkehren
referre, réferō, réttulī, relātum	zurückbringen

GLOSSAR

reflectere, *reflectō,* zurückbeugen
flexī, flexum
regere, *regō, rēxī,* regieren
rēctum
regiō, *ōnis f.* Gegend
rēgula, *æ f.* Regel
rejicere, *rejiciō,* zurückwerfen
rejēcī, rejectum
relaxāre entspannen
remanēre, bleiben (17); übrig
remaneō, mānsī, bleiben (72)
mānsum
remōtus, *a, um* entfernt
rēmus, *ī m.* Ruder
repentīnus, *a, um* plötzlich
rēpere, *rēpō,* kriechen
rēpsī, rēptum
reperīre, *reperiō,* finden
repperī, repertum
repudiāta, *æ f.* geschiedene Frau
rēs, *reī f.* Sache
   rērum nātūra die Natur der
     Welt (77)
   rēs rūstica Landwirtschaft
     (101)
resecāre, *resecō,* abschneiden
resecuī, resectum
reserāre aufschließen
retrō rückwärts
reus, *ī m.* Angeklager
rēx, *rēgis m.* König
rīdēre, *rīdeō, rīsī,* lachen
rīsum
rīdiculus, *a, um* lächerlich; komisch
   (90)
rīsus, *ūs m.* Lachen
rogāre fragen
Rōma, *æ f.* Rom
   Rōmæ in Rom
Rōmānus, *a, um* römisch
rosa, *æ f.* Rose
rōstra, *ōrum n.* Rednerbühne *(in*
   (Pl.) *Form eines*
     Schiffsschnabels)
rōstrum, *ī n.* Schnabel
rota, *æ f.* Rad
rotundus, *a, um* rund
ruber, *bra, brum* rot
rudis, *is f.* Stab
   rude dōnātus Rentner
rūsticus, *a, um* ländlich, zum Land
   gehörig

S

saccus, *ī m.* Sack
sacerdōs, *ōtis m.* Priester
sacerdōtium, *ī n.* Priestertum
sacrāmentum, *ī n.* Weihe
sæculum, *ī n.* Jahrhundert
sæpe oft
sal, *salis m.* Salz
salīnum, *ī n.* Salzgefäß
salūs, *ūtis f.* Heil
sānāre heilen
sanguis, Blut
sanguinis m.
sapere, *sapiō,* schmecken
sapīvī, –
   nihil sapit es schmeckt
     nach nichts (89)
sapor, *ōris m.* Geschmack
sárcina, *æ f.* Gepäckstück
Sāturnus, *ī m.* Saturn
Sāturnālia, *iōrum* Saturnusfest
n.
saxum, *ī n.* Fels
scālæ, *ārum f. (Pl.)* Treppe
scapha, *æ f.* Boot
schola, *æ f.* Schule
scholasticus, *a, um* zur Schule gehörig
scīre, *sciō, scīvī,* wissen
scītum
scōpæ, *ārum f.* Besen
scrība, *æ f.* Schreiber
scrībere, *scrībō,* schreiben
scrīpsī, scrīptum
scrīptum, *ī n.* Schriftstück
scrobis, *is m. f.* Grube
scyphus, *ī m.* Weinbecher mit
   kleinen Henkeln
sē sich
secundus, *a, um* zweiter, -e, -es

sed	aber
sēdecim	sechzehn
sedentārius, a, um	sitzend
sedēre, sedeō, sessī, sessum	sitzen
sēdēs, is f.	Stuhl
sēgnis, is, e	träge
sēligere, sēligō, lēgī, lēctum	auswählen
sella, æ f.	Stuhl
sēmen, inis n.	Samen
semper	immer, stets
senātor, ōris m.	Senator
senēscere, senēscō, senuī, –	alt werden
senex, is c.	Greis
sententia, æ f.	Satz
sentīre, sentiō, sēnsī, sēnsum	spüren
septem	sieben
September, bris, bre (adj.)	September
septendecim	siebzehn
septentriō, ōnis m.	Norden
septentriōnālis, is, e	nördlich
septuāgēnārius, a, um	siebzigjährig
serēnus, a, um	heiter
serere, serō, seruī, sertum	verknüpfen
serere, serō, sēvī, satum	säen, pflanzen
sērius	verspätet
sērō	spät
serpēns, entis c.	Schlange
servus, ī m.	Sklave
sēstertius, ī m.	Sesterz (römische Münze)
sex	sechs
sexāgintā	sechzig
sextus, a, um	sechster, -e, -es
sexus, ūs m.	Geschlecht
sī	wenn
sibī	sich
sībilāre	pfeifen
siccāre	trocknen
sīcut	wie
sigarellum, ī n.	Zigarette
signum, ī n.	Zeichen
signum mīlitāre	Feldzeichen
silva, æ f.	Wald
similis, is, e	ähnlich
simulāre	vortäuschen
sīmus, a, um	plattnasig
sine	ohne
singulus, a, um	einzelner, -e, -es
sinistrōrsum	nach links
siser, siseris n.	Erbse
sistere, sistō, stetī, statum	abstellen
sitīre, sitiō, sīvī, sītum	dürsten
sitis, is f.	Durst
situs, a, um	gelegen
sociābilis, is, e	gesellig
sōl, sōlis m.	Sonne
sōlāris, is, e	zur Sonne gehörig
solea, æ f.	Sandale
solēre, sóleō, solitus sum	gewohnt sein
sōlum	allein
solvere, solvō, solvī, solūtum	lösen
ancoram solvere	den Anker lichten (87)
epistulam solvere	einen Brief öffnen (87)
nāvem solvere	absegeln (87)
pretium solvere	den Preis bezahlen (100)
æs aliēnum solvere	Schulden bezahlen (87)
somnus, ī m.	Schlaf
sonus, ī m.	Klang
sorbillāre	schlürfen
sordēs, is f.	Müll
soror, ōris f.	Schwester
sors, sortis f.	Schicksal
spectāculum, ī n.	Schauspiel
spectāre	(an)schauen
speculātor, ōris m.	Spion

spēlunca, æ f.	Höhle	super	über; auf (22)
spēs, *speī f.*	Hoffnung	superāre	überwinden (84); übertreffen (107)
splendēre, *splendeō, splenduī,* –	strahlen	supercilium, *ī n.*	Augenbraue
sponda, æ f.	Sofa	superesse, *supérsum, supérfuī,* –	übrig sein
spongia, æ f.	Schwamm		
spōnsa, æ f.	Verlobte	superlātīvus, *ī m.*	Superlativ
spōnsiō, ōnis f.	Wette	surdaster, *tra, trum*	schwerhörig
stāre, *stō, stetī, statum*	stehen	surgere, *surgō, surrēxī, surrēctum*	aufstehen (40); aufsteigen (64)
statim	sogleich		
statūra, æ f.	Gestalt	surripere, *surripiō, ripuī, reptum*	entwenden
staturere, *statuō, statuī, statūtum*	festsetzen	suus, *a, um*	seiner, -e, -es
stilus, *ī m.*	Schreibstift	synœcium, *ī n.*	Wohnzimmer
stola, æ f.	Stola	sýnthesis, *is f.*	Anzug
strēnuus, *a, um*	tüchtig	sýnthesis ūrīnātōria	Tauchanzug (49)
strepitus, *ūs m.*	Lärm		
studēre, *studeō, studuī,* –	studieren	**T**	
		taberna, æ f.	Laden
studiōsus, *a, um*	eifrig	taberna pōmāria	Obstladen (70)
studium, *ī n.* studiōrum ūniversitās	Bestrebung Universität	taberna sūtrīna	Flickschusterei (70)
		taberna vīnāria	Weinhandlung (70)
stultus, *a, um*	dumm	tablīnum, *ī n.*	Vorbau
suāvis, *e*	süß, lieblich	tabula, æ f.	Tafel
sub	unter	tabula cērāta	Schreibtäfelchen (1)
subīre, *súbeō, subīvī, subitum*	sich unterziehen		
subitō	plötzlich	tabulātum, *ī n.*	Stockwerk
súbligar, *āris n.*	Unterhose	taciturnus, *a, um*	schweigsam
súbsequi, *súbsequor, secútus sum*	auf dem Fuße folgen	tāctus, *ūs m.*	Tastsinn
		tædium, *ī n.*	Ekel
		tæter, *tra, trum*	übel
sūcus, *ī m.*	Saft	talpa, æ f.	Maulwurf
sūdātus, *a, um*	verschwitzt	tālus, *ī m.*	(Knochen)würfel
suere, *suō, suī, sūtum*	nähen	tam	so
		tamen	aber
sufflāmen, *inis n.*	Bremse	tangere, *tangō, tetigī, tāctum*	berühren
suffrāgium, *ī n.*	Wahlstimme		
suīlla, æ f.	Schweinefleisch	tantum	nur
sulphurātus, *a, um*	schwefelhaltig	tantus, *a, um*	so groß
sūmere, *sūmō, sūmpsī, sūmptum*	zu sich nehmen	tapēte, *is n.*	Teppich
		tēctum, *ī n.*	Dach
summus, *a, um*	höchster, -e, -es		

telephōnicus, a, um	telefonisch
telephōnum, ī n.	Telefon
televīsōrium, ī n.	Fernsehgerät
tempestās, ātis f.	Witterung (64); Unwetter (30, 64)
templum, ī n.	Tempel
tempus, oris n.	Zeit
tenāx, ācis (adj.)	hartnäckig
tener, era, erum	zart
tenēre, teneō, tenuī, tentum	halten
cultrum tenēre	ein Messer besitzen (92)
rīsum tenēre	das Lachen zurückhalten (92)
tenuis, is, e	fein (36); dünn (33, 55)
ter	dreimal
terra, æ f.	Erde
tertius, a, um	dritter, -e, -es
textum, ī n.	Gewebe
theātrum, ī n.	Theater
thēsaurus, ī m.	Schatz
thōrāx, ācis m.	Brustbekleidung
thōrāx lāneus	Pullover
tibī	dir
tībia, æ f.	Flöte
tibiālia, ium n. (Pl.)	Strumpf
tībīcen, inis m.	Flötenspieler
timēre, timeō, timuī, –	fürchten
timor, ōris m.	Furcht
tinnīre, tinniō, tinnīvī, tinnītum	klingeln
tintinnābulum, ī n.	Klingel
tīrō, ōnis m.	Lehrling
titulus, ī m.	Inschrift; Überschrift (105)
toga, æ f.	Toga
tolerāre	ertragen
tonāre, tonō, tonuī, –	donnern
tonitrus, ūs m.	Donner
tonus, ī m.	Ton
tostus, a, um	geröstet
tōtus, a, um	ganz
tractāre	behandeln
trādere, trādō, trādidī, trāditum	übergeben
traha, æ f.	Schlitten
trānquillus, a, um	ruhig
trānsīre, trānseō, īī, itum	durchgehen
trānsgredī, trānsgrediōr, trānsgressus sum	durchqueren
trānsitus, ūs m.	Durchgang
trānslūcidus, a, um	durchsichtig
trecentī, æ, a	dreihundert
tredecim	dreizehn
trēs, trēs, tria	drei
trīcēsimus, a, um	dreißigster, -e, -es
triclīnium, ī n.	Eßzimmer
trīgintā	dreißig
tū	du
tūberōsus, a ,um	bucklig
tubus, ī m.	Röhre
tumultus, ī m.	Getümmel
tunc	dann
tunica, æ f.	Tunika
turgidus, a, um	geschwollen
tūte	du (verstärkt)
tuus, a, um	deiner, -e, -es
tyrannus, ī m.	Tyrann

U

ubī	wo
ubīque	überall
ultrā	weiter
umbella, æ f.	(Sonnen)schirm
umbra, æ f.	Schatten
umerus, ī m.	Schulter
unde	woher
ūndecim	elf
ūndecimus, a, um	elfter, -e, -es
ūndēvīgintī	neunzehn
unguentum, ī n.	Salbe
unguentum sōlāre	Sonnencreme (49)

unguis, *is m.*	Klaue
ūnus, *a, um*	einer, -e, -es
ūnusquisque	ein jeder
urbānus, *a, um*	höflich
urbs, *urbis f.*	Stadt
urceus, *ī m.*	Krug *(langhalsig)*
ūrīnātor, *ōris m.*	Taucher
ūrīnātōrius, *a, um*	zum Tauchen gehörig
ursus, *ī m.*	Bär
usque	bis zu
ūsus, *ūs m.*	Brauch (93); Gebrauch (110)
ut	dass; wie (84)
uterque	jeder von beiden
ūtī, *ūtor, ūsus sum*	gebrauchen
ūva, *æ f.*	Weintraube
uxor, *ōris f.*	Ehefrau

V

vacca, *æ f.*	Kuh
vacuēfacere, *vacuēfaciō, fēcī, factum*	leeren
valdē	sehr
valē	leb wohl
valēre, *valeō, valuī, –*	in Kraft sein (93)
valgus, *a, um*	säbelbeinig
validus, *a, um*	gültig (8); kräftig (55)
vānus, *a, um*	eitel
varius, *a, um*	verschieden
vehemēns, *entis (adj.)*	impulsiv
vehī, *vehor, vectus sum*	fahren
currū vehī	mit dem Wagen fahren (17)
vehiculum, *ī n.*	Fahrzeug
vel	oder
vel ... vel	entweder ... oder
velle, *volō, voluī, –*	wollen
vēlum, *ī n.*	Segel
vēnārī, *vēnor, vēnātus sum*	jagen
vēnātor, *ōris m.*	Jäger
vēndere, *vēndo, didī, ditum*	verkaufen
vēnditor, *ōris m.*	Verkäufer
Venētiānus, *a ,um*	venezianisch
vēnīre, *vēneō, vēnīvī, –*	verkauft werden
venīre, *veniō, vēnī, ventum*	kommen
venter, *tris m.*	Bauch
ventus, *ūs m.*	Wind
Venus, *Veneris f.*	Venus
vēr, *vēris n.*	Frühling
vēre	im Frühling
verberāre	prügeln
verbum, *ī n.*	Wort; Zeitwort (85)
verēdus, *ī m.*	Postpferd
vērō	aber
vērus, *a, um*	wahr
versus	nach ... hin
vesperī	am Abend
vestibulum, *ī n.*	Vorhof
vestīmentum, *ī n.*	Kleidungsstück
vestis, *is f.*	Kleid
vestis balneāris	Badeanzug (45)
vetāre, *vetō, vetuī, vetitum*	verbieten
vetus, *veteris (adj.)*	alt
via, *æ f.*	Straße
vīciēs	zwanzig Mal
vīcīnus, *ī m.*	Nachbar
victor, *ōris m.*	Sieger
victōria, *æ f.*	Sieg
vidēre, *video, vīdī, vīsum*	sehen
vidērī, *videor, vīsus sum*	scheinen
vidua, *æ f.*	Witwe
viduus, *ī m.*	Witwer
vigēre, *eō, uī, –*	frisch und kräftig sein
vigil, *ilis m.*	Wächter
vigil pūblicus	Polizist
vīgintī	zwanzig

vincere, *vinco, vīcī, victum*	gewinnen
vīndēmiāre	Wein lesen
Vindobonēnsis, *is, e*	wienerisch
vīnum, *ī n.*	Wein
violāre	übertreten (110)
vir, *virī m.*	Mann
virga, *æ f.*	Rute
virgō, *inis f.*	Jungfrau
viridis, *is, e*	grün
vīsificus, *a, um*	sehend machend
vīsus, *ūs m.*	Gesichtssinn
vīta, *æ f.*	Leben
vitulīna *æ f.*	Kalbfleisch
vīvārium, *ī n.*	Aquarium
vīvere, *vīvō, vīxī, –*	leben
vocāre	rufen
Cárolus vocor	ich heiße Karl (76)
vólucris, *is f.*	Vogel
volūmen, *inis n.*	Buchrolle
vulnerātiō, *ōnis f.*	Verletzung
vulpēs, *is f.*	Fuchs

Z

zērum	null
zēta	z *(letzter Buchstabe des Alphabets)*